세상에 대하여 우리가 더 잘 알아야 할 교양

16

지은이 | 옮긴이 소개

지은이 **로리 하일**

미시간대에서 영문학과 철학을 공부하고, 시카고대에서 논픽션 글쓰기 과정을 이수했습니다. 다양한 잡지에 기고 중이고, 청소년을 위한 논픽션 책들을 다수 썼습니다. 지은 책으로는 《Animal Survival》《Surviving Extreme Sports》《Bullying》《Gangs》 등이 있습니다.

옮긴이 **강인규**

저널리스트이며 미디어 학자입니다. 현재 펜실베니아 주립 대학교에서 학생들을 가르치고 있습니다. 지은 책으로는 《망가뜨린 것 모른 척한 것 바꿔야 할 것》《나는 스타벅스에서 불온한 상상을 한다》 등이 있습니다.

세상에 대하여 우리가 더 잘 알아야 할 교양

로리 하일 글 | 강인규 옮김

16

소셜 네트워크

어떻게 바라볼까?

내인생의책

차례

옮긴이의 말 - 6

들어가며 : 오바마와 SNS - 8

1. 디지털 민주주의 - 11

2. 블로그와 트위터 - 21

3. 사이버 공동체 - 41

4. 위키피디아와 인터넷 평점 - 53

5. 이미지의 힘 - 69

6. 사이버 안전과 사이버 스트레스 - 81

7. 사이버 현실 참여와 검열 - 91

용어 설명 - 101

연표 - 103

더 알아보기 - 106

찾아보기 - 107

※ 본문의 **굵은 글씨**로 표시된 단어는 101쪽 용어 설명에서 찾아보세요.

| 옮긴이의 말 |

흔히 한국을 '인터넷 강국'이라고 하지요. '인터넷 강국'은 좋은 것일까요? 때때로 빠르고 편리한 인터넷 기술이 오히려 사람들을 괴롭히고 불행하게 만드는 끔찍한 도구가 될 수도 있습니다. 정부가 여러분이 어떤 웹 사이트를 봤는지 일일이 확인하고, 인터넷에 남긴 글들을 빠짐없이 들여다본다면 어떨까요? 모르는 사람이 여러분의 중요한 정보를 훔쳐 내어 본인 행세를 하며 돌아다니거나, 은행에서 돈을 빼 멋대로 물건을 산다면요? 모르는 사람이 여러분이 어떻게 생겼고, 어디 사는지, 어떤 것을 좋아하는지 그리고 이 순간 어디서 무엇을 하고 있는지를 낱낱이 알고 있다면 무섭지 않을까요?

불행히도 이 일은 누구에게나 일어날 수 있고, 실제로 벌어지고 있는 일이기도 합니다. 여러분에게 이런 일이 일어나길 원치 않는다면, 방법은 하나밖에 없습니다. 인터넷을 안전하게 쓰는 방법을 배우는 것이지요. 페이스북, 싸이월드, 카카오톡, 트위터를 쓸 때 어떤 것을 조심해야 할까요? 이 책은 이 질문에 답해 줍니다.

이 책은 두껍지 않지만, 어렵고 깊은 이야기를 쉬운 말로 풀어서 설명해 줍니다. 청소년들을 위한 책이지만, 어른에게도 유익한 내용들로

가득합니다. 사람들이 많이 이야기하는 '웹 2.0' 이 무슨 뜻인지 아세요? 검색 엔진과 포털 사이트는 어떻게 다를까요? 위키와 블로그의 차이점을 아세요? 인터넷의 특성으로 거론되는 '상호 작용' 이란 무엇일까요? 전 세계의 웹 사이트를 다 합하면 몇 개나 되고, 언제부터 이렇게 많아진 걸까요?

이 책은 이런 이론적인 이야기뿐 아니라, 현실적인 문제에도 도움말을 줍니다. 인터넷에 이름과 사진을 올려도 괜찮을까요? 카카오톡에서 낯선 사람이 말을 걸거나 만나자고 하면 어떻게 해야 할까요?

우리는 '인터넷 강국' 의 기술은 갖추고 있지만, 이 발달된 기술을 어떻게 안전하고 효과적으로 쓸지에 대해서는 잘 알지 못합니다. 그런 면에서 한국 독자들에게 꼭 필요한 책입니다. 여러 모로 도움이 되고 쓸모 많은 책이지만, 특히 다음 부분을 읽으면서 번역을 결심하게 됐답니다.

카메라를 든 채 현실을 살아갈 수는 없어요.

- 캐나다 랩 가수 드레이크의 노래 '현실을 말하세요(Say What's Real)'에서

자랑하고 싶은 장면을 사진에 담아 인터넷에 올리는 건 이제 흔한 일상이 됐어요. 어제 어느 곳을 여행했는지는 물론이고, 지금 어떤 음식을 먹고 있는지까지도요. 나의 삶에서 남의 시선이 차지하는 비중이 그만큼 커진 것이지요. 하지만 아무리 즐거운 일을 하고 있어도, 페이스북이나 싸이월드에 올릴 생각으로 사진 찍기에 정신이 없다면, 그 순간을 진정으로 즐기기 어려울 거예요. 남에게 보여 주지 않아도 소중하고 가치 있는 것들이 많다는 것, 이것이야말로 이 책이 주는 가장 큰 지혜라고 생각합니다.

들어가며 : 오바마와 SNS

2012년 3월 오바마 미국 대통령이 핵안보정상회의 참석차 한국을 방문했다. 오바마 대통령은 한국 학생들을 만난 자리에서 "미투데이와 카카오톡으로 전 세계가 하나로 연결돼 있다."면서 "이래서 전 세계 사람들이 한류 열풍에 휩쓸릴 수밖에 없다."고 말해 환호를 받았다.

미투데이와 카카오톡은 트위터, 페이스북, 유튜브와 더불어 사람들이 가장 많이 찾는 SNS(Social Network Service)다. 흔히 SNS라 불리는 소셜 네트워크 서비스는 글이나 사진을 다른 사람들과 나누면서 친목을 다지는 서비스를 말한다. SNS는 오바마 대통령과도 떼려야 뗄 수 없는 관계를 맺고 있다.

오바마 대통령은 2008년 대선 당시 매케인 후보에 비해 선거 자금도 부족했고, 지지 세력의 조직력도 떨어졌다. 하지만 SNS를 적극적으로 활용하여 상황을 뒤집었다. 오바마 측은 페이스북 공동 창업자인 크리스 휴즈와 힘을 합쳤다. 그래서 '마이보(MyBO)'라 불리는 오바마의 선거 운동 사이트에 페이스북 기능을 도입하였다. 사람들은 이 사이트에서 소통하며 선거 캠페인 기금을 모으기도 하고, 오바마를 홍보하는 동영상, 연설, 사진 등을 제작하여 퍼뜨리기도 했다.

오바마는 마이보와 더불어 트위터와 유튜브도 적극적으로 활용하였다. 오바마의 페이스북 지지자는 300만에 가까웠고, 트위터 팔로워도 매케인 후보보다 20배나 많았다. 또 선거와 관련된 오바마의 유튜브 동영상 조회 수는 5천만 건에 이르렀다. 특히 사회 유명 인사들의 지지를 담은 〈예, 우리는 해낼 수 있어요 (Yes, We Can)〉 동영상은 큰 화제를 모았다. 오바마는 SNS를 통해 음악 이야기, 농구 이야기, 자녀들과 보내는 일상 등 지극히 사적인 이야기들을 전했다. 친숙한 이미지를 강화하기 위한 전략이었다.

이 선거에서 오바마는 승리했고, 미국 역사상 최초로 흑인 대통령이 되었다. 〈허핑턴 포스트〉의 설립자 아리아나 허핑턴은 "인터넷이 없었더라면 오바마는 대통령이 되지도, 민주당 경선에서 승리할 수도 없었을 것이다."라고 말했다. SNS가 오바마 대통령을 탄생시키는 데 결정적인 역할을 한 것이다.

SNS는 아랍 전역에 민주화 혁명을 불러일으켜 독재 정권을 무너뜨린 데에도 큰 힘을 발휘했다. 요즘은 응급 환자용 혈액을 구하거나 분실물을 찾을 때도 트위터를 활용하고, 페이스북을 통해 기업과 소비자가 직접 소통하기도 한다. SNS는 잘만 이용하면 이제까지 불가능했던 소통을 가능하게 하고 세상을 바꾸는 도구가 될 수 있다.

하지만 부정적인 기능도 만만치 않다. SNS를 통해 개인 정보가 유출되고, 사생활이 침해되며, 확인되지 않은 소문 등이 퍼지면서 피해 사례가 급증하고 있다. 무엇보다 왕따 현상이 SNS까지 번져 청소년들 피해 사례가 크게 늘었다.

SNS는 다른 사람과 더 잘 소통하기 위해서 만들어진 도구이다. 얼굴이 보이지 않는 대화 상대 역시 존중하고 배려할 때 SNS는 비로소 열린 소통의 장이 될 것이다.

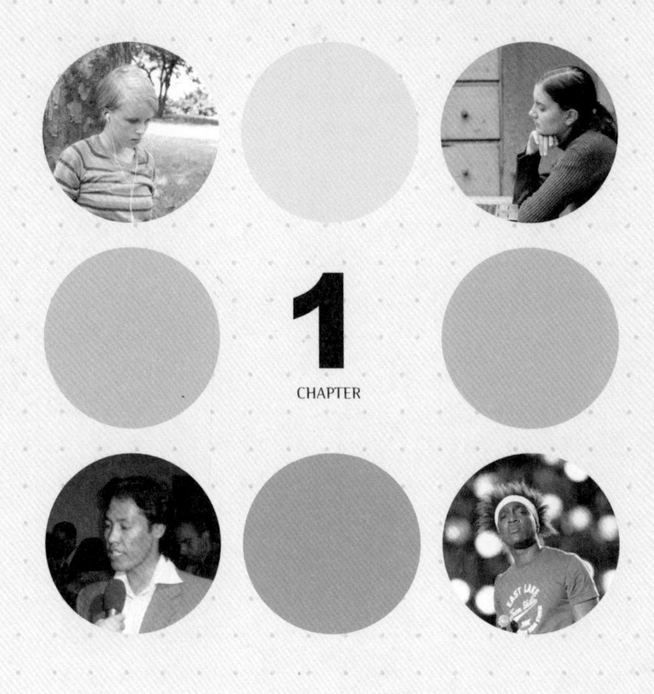

디지털 민주주의

오늘날 인터넷에 접속할 수 있는 사람은 누구나 자신의 의견을 널리 알릴 수 있습니다. 또한 다양한 사람들의 이야기를 듣고 세상에 대해 더 자세히, 더 정확히 알 수 있지요. 인터넷을 잘 알아야 하는 이유가 여기에 있습니다. 인터넷을 이용하면 다른 사람들과 폭넓게 소통할 수 있어요.

타임머신을 타고 지난 1990년으로 돌아가 보려고 합니다. 그 시절로 돌아가 컴퓨터로 좋아하는 연예인이 나오는 비디오를 찾아봅시다. 찾을 수 있을까요? 아마 컴퓨터 화면에 온통 괴상한 문자들만 가득해서, 무슨 뜻인지도 이해하지 못할 거예요.

인터넷 검색을 하면 되지 않느냐고요? 그 당시에는 다음, 네이버, 구글, 빙 같은 검색 엔진이 발명되지 않았어요. 컴퓨터상에서 사진이나 비디오는커녕 흑백 글자 이외에는 찾아보기도 어려웠지요. 그때는 인터넷이 너무 느려서 사진과 비디오를 올려놓을 수 없었기 때문입니다.

인터넷의 주인공

다시 현재로 돌아와 봅시다. 요즘은 쉽게 인터넷 '서핑'을 할 수 있어요. 검색 엔진이 발명된 이후로 개선에 개선을 거듭해 왔으니까요. 이제 컴퓨터와 인터넷이 정보를 빨리 처리할 수 있어서 화려한 비디오와 사진도 마음껏 볼 수 있습니다. 무엇보다 큰 변화는 화면에 나오는 것들을 마음대로 조작할 수 있다는 거예요. 이것을 **상호 작용**(interaction)

▌청소년도 인터넷으로 자기 생각을 널리 알릴 수 있다.

이라고 합니다.

이와 같이 상호 작용을 바탕으로 새롭게 바뀐 인터넷을 '웹 2.0(Web 2.0)' 이라고 부릅니다. 오늘날에는 인터넷으로 많은 일을 할 수 있어요. 다른 사람의 글을 읽을 수도 있고, 자기가 쓴 글을 올릴 수도 있지요. 영화를 소개한 글도 읽을 수 있으며, 인터넷으로 바로 영화를 볼 수도 있어요. 직접 영화를 만들어서 인터넷에 올린 후 다른 사람들이 어떻게 생각하는지 살펴볼 수도 있지요. 또 인터넷 백과사전도 찾아볼 수 있고, 사전에 실린 내용을 바꿀 수도 있어요.

이러한 변화에서 가장 중요한 건 바로 '여러분' 입니다. 가끔 부모님이나 친구가 '너와 상관없는 일이야.' 라고 말해서 속상했던 적이 있지요? **웹 2.0** 시대의 인터넷에는 여러분과 상관없는 일이란 없어요. 인터넷이라는 **매체**의 주인공이 바로 '여러분' 이기 때문이에요. 인터넷을 쓰고 만들어 가는 주체는 바로 여러분처럼 평범한 사람들입니다. 그래서 미국 주간지 〈타임〉은 2006년 '올해의 인물' 로 '당신(You)' 을 꼽았습니다. 축하합니다!

알아두기

- 한국은 전 세계에서 두 번째로 빨리 인터넷을 도입했다.
- 웹 1.0은 인터넷상에서 정보를 모아 보여 주기만 했다. 반면, 웹 2.0은 데이터를 제공하는 플랫폼*에서 정보를 쉽게 공유할 수 있어 사용자가 직접 데이터를 다루는 것이 가능하다.

*플랫폼 : 기차역의 승강장이나 무대, 강단 등을 뜻하나 그 의미가 확대되어 특정 장치나 시스템 등에서 이를 구성하는 기초가 되는 틀을 가리키는 용어로 사용된다.

사례탐구 시민 저널리즘(citizen journalism)

평범한 시민도 인터넷으로 의견을 널리 알릴 수 있다. 카미니와 나심의 이야기는 이를 잘 보여 주는 사례이다.

카미니 이야기

카미니는 29세 평범한 청년이었다. 그는 말리-고몽(Marly-Gomont)이라는 프랑스의 작은 마을에서 태어나, 그곳에서 자랐다. 카미니는 마을에서 눈에 쉽게 띄었다. 그곳은 백인이 많이 사는 마을이었는데, 카미니는 흑인인 데다가 랩 음악을 듣고 다녔기 때문이다. 카미니는 랩 음악을 듣기만 한 게 아니라, 좋아하는 주제를 가지고 직접 랩 음악을 만들기도 했다. 자기 자신에 대한 곡을 쓰기도 했고, 마을에서 흔히 볼 수 있던 소, 오토바이, 그리고 인종 차별에 대해서도 노래했다.

▌프랑스 힙합 가수 카미니

2006년 8월, 카미니는 자기 음악으로 뮤직비디오를 만들어 인터넷에 올렸다. 그리고 이메일로 음반사 여러 곳에 비디오를 보냈다. 한 음반사가 그 비디오를 작은 웹 사이트에 올려놓았다. 그것도 음악과 아무런 관련 없는, 티셔츠를 파는 웹 사이트였다. 하지만 사이트에 들렀던 사람들이 비디오를 보기 시작했고, 그중 누군가 비디오를 유튜브를 비롯한 여러 비디오 사이트에 올렸다. 10월 중순이 되자 이 비디오는 유명해졌고, 카미니는 큰 음반사와 계약을 맺게 되었다.

나심 이야기

나심 페크랏

나심 페크랏은 아프가니스탄의 작은 마을에서 자랐다. 그의 가족은 독실한 무슬림(이슬람교를 믿는 사람)이었다. 나심은 기도를 안 해서 열한 살 때 집에서 쫓겨났다.

나심은 며칠 밤을 지붕 위에서 잤다. 그러다가 파키스탄, 이란, 아랍 에미리트 등 이웃 나라로 떠나는 사람들을 따라 나섰다. 다른 나라에 간 나심은 구할 수 있는 책을 모두 읽었고, 혼자 영어도 배웠다. 나심은 아프가니스탄 시와 고전 음악도 좋아하게 되었다. 나심은 자기가 즐기는 예술을 세계 여러 나라 사람들과 나누고 싶어졌다.

나중에 아프가니스탄으로 되돌아간 나심은 2004년에 '아프간 왕(Afghan Lord)' 이라는 블로그를 시작했다. 나심은 모국어와 영어로 글을 쓰면서, 비록 아프간이 전쟁을 겪고 있지만 그곳에 폭력, 가난, 질병만 있는 게 아니라는 사실을 사람들에게 일깨웠다. 나심은 블로그를 가르치는 학교도 열었다. 아프간 사람들이 블로그를 '사회에 대해 말하는 강력한 도구로 쓰도록 돕겠다' 는 게 나심의 계획이다.

새로운 목소리

20년 전이었다면, 카미니와 나심의 이야기는 나올 수 없었을 것입니다. 카미니와 나심 모두 돈이 많은 사람도, 사회적으로 힘이 센 사람도 아니었으니까요. 하지만 두 사람 모두 꿈이 있었고, 인터넷을 쓸 수 있었지요. 오늘날 인터넷에 접속할 수 있는 사람은 누구나 자신의 의견을 널리 알릴 수 있습니다. 또한 다양한 사람들의 이야기를 듣고 세상에 대해 더 자세히, 더 정확히 알 수 있지요. 인터넷을 잘 알아야 하는 이유가 여기에 있습니다. 인터넷을 이용하면 다른 사람들과 폭넓게 소통할 수 있어요.

다양한 관점

인터넷과 SNS는 지식을 습득하고 정보를 유통시키는 수단들을 다양하게 만들었고, 국가 지배가 비밀리에 이루어지는 일을 지극히 어렵게 만들었다. 또 새로운 기술들은 투쟁적인 집회 같은 전통적 민주주의 형식이 사라지는 시기에 새로운 민주주의 형식을 만들었다. 인터넷과 SNS는 아랍 국가들이나 이란의 프롤레타리아 계급(임금을 받고 일하는 노동자 계급)으로 하여금 그들 자신이 다수임을 깨닫게 해 줬고, 그들에게 용기를 북돋워 줬으며 사람들 사이에 신뢰를 심어 주었다.

– **자크 랑시에르** 프랑스 철학자 (한국일보 2월 14일자)

(SNS가 민주화를 앞당긴다는 것은) 너무 이른 판단이다. 인터넷 데이트를 생각해 보라. 낯선 사람과 하룻밤 관계를 가질 수는 있지만, 이 관계가 오래 지속되거나 행복한 관계로 이어지기 어렵다. 사람들을 거기로 이끄는 데는 '사회적' 웹 사이트들이 유용하다. 그러나 계획했던 일이 끝날 때까지 그들을 붙잡아 두는 것은 쉽지 않다. 더구나 치열하게 블로그에 글을 남기고 열심히 트윗을 보냄으로써, 많은 이들은 자신들의 정치적 의무를 다하고 훌륭하게 정치적인 삶에 참여한다고 생각한다. 소셜 네트워크는 정치 제도를 대체하고 있다. 그러나 도대체 무엇으로 대체하고 있는가? 정치에 대한 환상? 현실로 옮겨 갈 수 없는 온라인의 인공성? 소셜 네트워크의 효과를 묻는 질문들에 답하기에는 아직 우리가 아는 것이 없다.

– **지그문트 바우만** 폴란드 사회학자 (한국일보 2월 29일자)

간추려 보기

· 이용자의 적극적인 참여를 유도하고 정보 공유를 확대하려는 새로운 인터넷 환경을 웹 2.0이라고 부른다. 웹 2.0에서는 사용자들이 각종 콘텐츠를 자유롭게 올리고 내려받을 수 있다.

· 전 세계 네티즌이 직접 참여해 만든 백과사전 위키피디아, 네이버 지식인, 인터넷 서점의 도서 리뷰 시스템, 블로그, 개인이 만들어 유튜브에 올린 비디오 등이 웹 2.0의 사례이다.

· 웹 2.0 시대에는 사용자의 참여가 가장 중요하다. 그래서 2006년 타임지에서는 올해의 인물로 '당신(You)'을 선정했다.

2

CHAPTER

블로그와 트위터

트위터 창립자들은 이 사이트가 가족과 친구를 연결해 주는 것 이상의 일을 할 수 있다고 믿었습니다. 트위터가 공개된 2006년에 미국 샌프란시스코에는 작은 지진이 발생했습니다. 창립자들은 이 사실을 알고 트위터로 지진 소식을 알렸어요. 놀랍게도, 다른 사용자들도 똑같이 지진을 알리고 있었답니다.

남극에 살면 어떨지 궁금하지 않나요? 20년 전만 해도 기자가 쓴 기사를 읽거나 텔레비전 방송을 보지 않는 한, 직접 비행기를 타고 가야만 남극 생활을 알 수 있었습니다. 이제 수많은 남극 관련 **블로그**가 생겨서 그곳에 올라온 글들을 보고 남극에 대해 많은 것을 배울 수 있습니다. 블로그를 통해 세계에서 가장 추운 곳에 산다는 게 어떤 것인지 알 수 있게 되었지요. 심지어 기상 관측소 카메라에 찍힌 비디오도 볼 수 있어요.

블로그의 진화

'블로그'는 웹 사이트처럼 생긴 **온라인** 기록장입니다. 본래는 '웹로그 weblog'라고 불렸지요. 블로그에서는 가장 최근에 쓴 글을 먼저 볼 수 있고, 방문자들도 글을 남길 수 있습니다. 남극 관련 블로그 중에는 방문자가 날씨에 대해 질문도 하고, 혹독한 날씨에 대한 경험담도 직접 쓸 수 있게 해 놓은 것도 있어요. 블로그는 보통 웹 사이트에 비해 글, 그림, 링크 등을 쉽게 올릴 수 있어요. 사용하기 쉽기 때문에 인터넷을 쓸 수 있는 사람은 누구나 블로그를 만들어 자기 생각을 알릴 수 있습니다.

블로그가 없던 시절에는 남극처럼 특수한 주제에 대해서 정보를 찾기가 어려웠습니다. 다른 나라 사람들과 정보를 주고받기도 어려웠지요. 책이나 잡지가 정보를 전달하는 유일한 수단이었으니까요. 블로그가 탄생한 시기는 인터넷 상호 작용 기술이 발전을 거듭하던 때였습니다. 1999년에 파이라 랩(Pyra Labs)이 '블로거(Blogger)'라는 이름으로 무료 서비스를 하면서 블로그의 역사가 시작되었지요.

1999년에는 약 50개의 블로그가 있었습니다. 2004년에는 410만 개로 늘었고, 2008년이 되자 1억 1300만 개 가까이로 늘었어요. 이제 블로그가 다루지 않는 주제는 거의 없어요. 오락, 의학, 스포츠, 환경, 시사, 여행 등 엄청나게 많은 블로그가 만들어졌습니다. 여러분도 블로그를 하고 싶다면 어떤 주제로든 시작해 보세요.

▌블로그는 남극과 같이 가 보지 못한 미지의 세계를 들여다볼 수 있게 해 준다.

사례탐구 블로거 수사대

2005년에 19세의 하버드 대학생이 소설을 냈다. 카비야 비스와나탄이라는 학생의 첫 소설이었다. 이 책에는 '오팔' 이라는 인도계 미국인 여학생이 등장한다. 똑똑한 오팔은 하버드 대학교에 가고 싶지만, 학교로부터 '공부만 하는 학생은 청소년답지 않아 싫다' 는 이야기를 듣는다. 그래서 자신이 놀기도 좋아하는 평범한 학생이라는 사실을 보여 주려고 애쓴다는 내용이다. 이 소설을 낸 출판사는 비스와나탄의 이야기를 너무 좋아한 나머지 두 번째 소설도 써 달라고 부탁한다.

그러나 2006년에 하버드 대학 신문은 비스와나탄의 소설이 표절이라고 밝혔다. 표절이란 다른 사람의 글을 허락 없이 베껴 쓰는 것을 말한다. 표절 의혹이 여러 언론에 보도되자, 블로거들은 비스와나탄이 소설 6권으로부터 40문단이 넘는 내용을 똑같이 베꼈다는 증거를 찾아냈다. 블로그를 통해 표절 증거가 밝혀지자, 출판사는 서점에서 팔리던 책을 모두 거둬들였고 두 번째 소설 계약도 취소했다.

카비야 비스와나탄의 소설이 표절인 것으로 밝혀진 뒤 서점 점원이 책을 치우고 있다.

블로그의 이용

오늘날 블로그는 다양한 목적으로 쓰입니다. 예를 들어 텔레비전 방송국은 블로그를 통해 시청자들의 의견을 듣고, 시청자들은 방송국 블로그에 사진을 올립니다. 그곳에 올라온 글과 사진은 누구나 볼 수 있고, 가끔 그 내용이 방송되기도 하지요.

어떤 대학은 학생 블로그를 공식 웹 사이트의 일부로 넣기도 합니다. 이렇게 하면 학교 담당자가 아니라 학생들로부터 직접 학교 이야기를 들을 수 있지요.

또한 블로그는 잘못된 정보를 바로잡고 거짓을 폭로하는 역할을 합니다. 개인이나 정부 기관 또는 주류 언론(많은 독자를 가진 대형 신문사 같은 언론 기관)이 전달한 그릇된 내용을 블로그가 바로잡는 것이지요.

블로그는 청소년들 사이에서 인기가 높습니다. 13세와 19세 사이의 청소년이 모든 블로그 가운데 절반을 운영하고 있어요. 미국 10대 청소년의 20퍼센트가 다른 사람의 블로그를 읽고 있고, 10대인 블로그 독자 중 23퍼센트가 개인 블로그를 갖고 있지요.

블로그의 주제별 분류

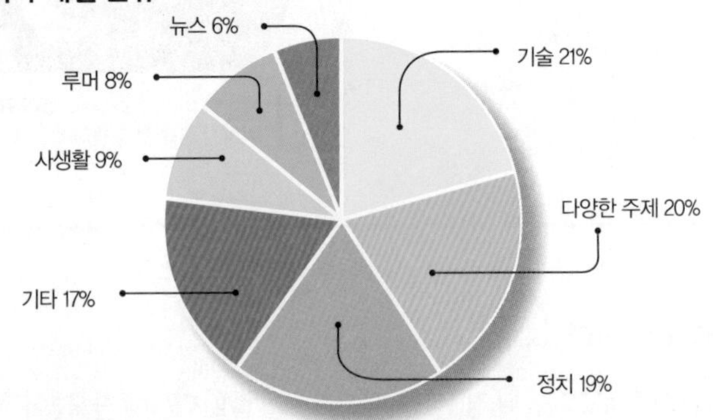

위 도표는 2006년에 전 세계 블로그를 주제별로 나누어 분류한 결과다.

블로그의 문제점

블로그는 쓸모 있는 정보를 주지만, 여러 문제점도 안고 있습니다. 기사를 쓰는 기자들은 정해진 규칙과 기준을 지키도록 훈련을 받습니다. 하지만 블로그는 전문적인 훈련을 받지 않고도 누구나 쓸 수 있기 때문에, 잘못된 사실과 판단이 전달되기 쉽지요. 신문, 잡지, 텔레비전 방송국과 달리, 블로그는 내용을 검토하고 확인하는 편집자가 대개 없거든요.

블로그에는 욕설이나 인종 차별적 이야기, 또는 외설적 내용(지나치게 성적인 면을 강조하는 내용)이 실리기도 합니다. 이런 이유로 많은 사람들이 블로그를 규제해야 한다고 말합니다. 하지만 블로그를 규제하면 표현의 자유가 위축된다는 주장도 있습니다. 게다가 블로그를 규제하기는 쉽지 않아요. 블로그 주인이 이름이나 신분을 밝히지 않고 활동할 수도 있고, 나라를 떠나 세계 어디에서든지 블로그를 운영할 수 있기 때문이지요.

블로그와 웹 사이트 평가법

어떤 블로그가 믿을 만한지는 알려 주는 사람이 없기 때문에 스스로 판단을 해야 합니다. 여기서 몇 가지 도움말을 드릴게요. 아래 질문을 스스로 해 보면 블로그와 웹 사이트가 얼마나 쓸모 있고 정확한지 깨닫는 데 도움이 됩니다.

• 누가 썼나요?

글쓴이가 누구인지, 어떻게 연락을 취할 수 있는지 밝히고 있나요?

글쓴이가 신분을 숨긴다면 그 이유는 무엇일까요? 글을 쓴 저자나 기관이 어떤 입장을 옹호하고 있나요? 글쓴이가 누구냐에 따라 사건을 보는 시각은 크게 달라집니다. 예를 들어, 동물 보호 협회에서 운영하는 블로그는 사냥 동호회 블로그와 다른 시각에서 동물을 바라볼 거예요.

• 블로그의 목적이 무엇일까요?

블로그를 개설한 까닭은 무엇일까요? 즐기기 위해서인가요, 아니면 다른 사람들을 가르치기 위해서인가요? 어떤 생각이나 물건을 남에게 알리기 위해서인가요?

인터넷 주소가 '닷컴(.com 또는 .co.kr)' 이나 '닷넷(.net)' 으로 끝나면

블로그마다 내용에 차이가 있다. 따라서 블로그와 웹 사이트에 실린 내용이 믿을 만하고 유익한지 꼼꼼히 따져 봐야 한다.

상업 사이트로, 물건이나 상표를 홍보하는 경우가 많습니다. 반면에 주소가 '닷에듀(.edu 또는 .ac.kr)', '닷가브(.gov 또는 .go.kr)', '닷밀(.mil 또는 .mil.kr)', '닷오그(.org 또는 .or.kr)' 로 끝나면 돈벌이를 목적으로 하지 않는 비영리 단체인 경우가 많아요. 대개 돈을 벌기보다는 교육 목적이나 어떤 견해를 알리기 위한 사이트지요.

• 블로그 글이 언제 쓰였나요?

블로그가 언제 만들어졌는지 일일이 확인하는 것은 번거로운 일입니다. 하지만 읽고 있는 블로그 내용이 최근 것인지 오래된 것인지는 꼭 살펴봐야 합니다.

• 블로그에 수록된 정보는 어디서 온 것인가요?

블로거는 웹 사이트나 다른 블로그에서 정보를 얻기도 합니다. 문제는 이렇게 얻은 내용이 항상 믿을 만하지는 않다는 것입니다. 읽고 있는 정보의 출처가 어디인지 확인하세요. 그리고 그 내용과 비슷한 주제를 다루는 다른 블로그, 웹 사이트, 신문 기사 등과 비교해 보세요.

알아두기

블로그를 하는 사람들이 늘면서 블로그 내용은 오히려 짧아졌다. 문자 메시지와 트위터가 인기를 얻은 후로 짧은 글로 소통하는 단문 블로그(마이크로 블로그)가 거대한 산업이 되었다.

• 문법이나 맞춤법이 틀리지 않았나요?

누구든 완벽한 글을 쓰기는 어렵습니다. 하지만 이런 질문을 던져 볼 필요는 있어요. 글을 쓴 사람이 맞춤법조차 제대로 확인하지 않았다면 사실 확인은 제대로 했을까요?

• 글쓴이가 중립적인 말을 쓰고 있나요?

글을 쓴 사람이 어떤 단어를 골라 쓰나요? 차분하고 중립적인가요? 아니면 감정적인 반응을 이끌어 내려고 하나요? 누군가 이런 글을 썼다고 가정해 봅시다. "정부가 납세자의 주머니를 털고 있다." 정부가 정말 시민을 상대로 소매치기를 하는 게 아니라면, '주머니를 턴다' 는 말은 독자들의 감정을 자극하기 위해 쓴 말이에요.

간단히 말해서 길에서 만나는 모든 사람을 믿을 수 없듯, 인터넷에서 만나는 블로그를 다 믿어서도 안 됩니다.

블로그 에티켓

인터넷이 현실과 똑같지는 않지만, 인터넷에서 사람을 대할 때도 항상 조심하고 예의를 지켜야 합니다. 인터넷에 쓴 글이 다른 이의 마음을 상하게 하기도 하고 명예를 떨어뜨릴 수도 있으니까요. 게다가 다른 사람에 대해 거짓 이야기를 쓰는 것은 법을 어기는 일이에요. 블로그에 남을 공격하거나 무례한 표현을 써서도 안 됩니다. 글을 올리기 전에는 이러한 문제가 없는지 한 번 더 생각해 보세요.

학교 수업과 문자 메시지

'베프(베스트 프렌드의 줄임말)'가 여러분을 'ㅋㅋㅋ' 웃게 만든 적이 있나요? 많은 청소년들이 문자 메시지를 보낼 때 줄임말을 쓰곤 합니다. 전화기 입력 버튼이 작아서 긴 글을 쓰기 불편하기 때문이지요.

친구들 사이에서는 줄임말을 써도 괜찮습니다. 하지만 가끔 학교 과제물에도 줄임말을 쓰는 사람이 있어요. 이것은 바른 언어가 아닐뿐더러, 맞춤법에 어긋나는 표현입니다.

문자 메시지를 외국어라고 생각하면 이해하기 쉽습니다. 완전히 다른 맞춤법, 구두법, 문법을 지닌 별개의 언어는 쉽게 알아들을 수가 없지요? 글을 쓸 때는 정해진 규칙을 따라야 읽는 사람이 쉽게 이해할 수 있어요. 국어 시간에 영어를 써서는 안 되듯, 일상에서 문자 메시지 언

▌한 청소년이 줄임말을 써서 문자 메시지를 보내고 있다.

어를 쓰는 건 바람직하지 않습니다.

수업 시간에 문자 메시지를 보내서도 안 됩니다. 무례한 행동이거든요. 수업 중에 문자를 보내고 받는 건 선생님 말씀에 집중하지 않고 있다는 뜻이니까요. 잘못하면 전화기를 빼앗길 수도 있습니다.

문자 메시지 잘 쓰기

문자 메시지를 보낸 적이 있나요? 그렇다면 여러분도 '단문 블로거(micro-blogger)'입니다! **단문 블로그**란 짧은 블로그를 말해요. 문자 메시지가 짧은 이유는 전화기로 한 번에 받을 수 있는 글자 수가 정해져 있기 때문입니다. 문자 메시지를 영어 약자로 'SMS'라고 하는데, 이것은 '단문 메시지 시스템(Short Message System)'의 줄임말입니다.

문자 메시지는 전화 통화와 함께 젊은 사람들이 가장 즐겨 쓰는 소통 수단입니다. 젊은이들이 문자 메시지를 좋아하는 데는 다음과 같은 이유가 있습니다.

- 어디서든 보낼 수 있다.
- 많은 사람들이 휴대 전화를 가지고 있다. 심지어 이메일 주소가 없거나 페이스북 계정이 없는 사람도 휴대 전화는 가지고 있다.
- 문자 메시지는 전화를 걸 수 없거나 전화로 이야기하고 싶지 않은 경우에도 보낼 수 있고, 원할 때 답할 수 있다.

문자 메시지와 언론 매체

여러분은 주로 친구나 가족에게 문자 메시지를 보낼 거예요. 하지만

▌한 달에 수천 개의 문자를 보내는 청소년들도 있다.

문자 메시지로 그보다 더 크고 재미있는 일을 할 수 있습니다. 직접 언론사에 의견을 전할 수도 있지요. 텔레비전 프로그램 중에는 시청자들이 전화를 걸거나 문자 메시지를 보내 방송에 참여하는 것도 있으니까요.

어떤 텔레비전 뉴스는 문자 메시지로 시청자의 의견을 받습니다. 그래서 시청자가 문자로 참여한 투표 결과를 보여 주기도 하고, 직접 견해를 말할 기회를 주기도 합니다. 물론 한 사람이 여러 번 투표에 참여할 수 있는 만큼, 결과가 항상 공정하고 정확하지는 않아요.

알아두기

세계 최초의 문자 메시지는 1992년에 한 기술자가 보낸 '메리 크리스마스'라고 한다. 이 문자 메시지 이후 약 10년이 지난 뒤 문자 메시지는 널리 쓰이기 시작했다. 2000년에는 170억 개의 문자가 발송되었다. 1년 뒤인 2001년에는 2500억 개로 늘었고, 2008년에는 사람들이 무려 1조 개가 넘는 문자를 보냈다.

문자 메시지의 문제점

문자 메시지는 훌륭한 소통의 도구지만, 아무렇게나 써서는 안 됩니다. 잘못 사용하면 위험할 수도 있어요. 문자를 쓸 때 조심해야 할 점을 알아볼까요?

- 길을 걸으며 문자를 보내는 건 위험하다. 자전거나 자동차를 운전하면서 문자를 보내면 더욱 위험하다.
- 보낼 수 있는 글자 수가 정해진 경우가 있다. 꼭 확인해서 한도를 넘기지 않도록 한다. 그렇지 않으면 추가 요금을 내야 한다.
- 내가 보낸 문자 메시지를 엉뚱한 사람이 받을 수도 있다. 문자 메시지로는 상대 목소리를 들을 수도 없고, 얼굴을 볼 수도 없기 때문이다. 누군가의 휴대 전화를 빌려서 문자를 보낼 수도 있으므로 항상 문자 메시지를 쓸 때는 조심해야 한다.
- 사람을 만나서 이야기할 때는 얼굴 표정과 목소리로 감정을 전달할 수 있다. 하지만 문자 메시지는 오직 글자로만 대화를 주고받아야 하기 때문에 주의하지 않으면 오해가 생길 수 있다. 이모티콘

(emoticon)을 사용하면 문자 메시지로 정다운 느낌을 전할 수 있다.

간단히 보는 트위터의 역사

좋아하는 연예인을 만났다고 가정해 봅시다. 너무 신나서 그 소식을 모든 사람에게 전하고 싶겠죠? 하지만 한 사람 한 사람에게 문자 메시지를 보내는 건 너무 번거로운 일이에요. 블로그에 쓸 수도 있겠지만, 사람들이 언제 읽게 될지 알 수 없지요.

이럴 때는 트위터 같은 단문 블로그가 편리합니다. 트위터에서는 짧은 글을 여러 사람들에게 실시간으로 보낼 수 있거든요.

트위터 창립자들은 친구와 가족들끼리 자주, 빠르게 소식을 주고받

트위터로 자신의 최근 소식을 알리고 유명인을 '팔로'하는 청소년들이 많다.

알아두기

'트윗'은 트위터 창립자인 잭 도로시, 이삭 비즈 스톤, 에반 윌리엄스가 아니라 사용자들이 붙여 준 이름이다.

을 수 있는 방법을 고민하던 중 트위터를 개발했다고 합니다.

트위터 메시지를 '트윗(tweet)' 이라고 해요. 트위터에 글을 올리면 그 내용이 글쓴이 홈페이지와 '팔로워(따르는 사람)' 의 화면에 뜹니다. 팔로워는 친구나 가족일 수도 있고, 팬일 수도 있어요. 누구든 등록만 하면 원하는 사람의 '트윗' 을 받아 볼 수 있어요. 집에서 컴퓨터로 트위터를 하는 사람도 있지만, 스마트폰으로 하는 사람도 많습니다. 트위터는 글자 수를 140자로 제한해서 핸드폰 화면으로 봐도 전혀 불편하지 않아요. 단문 블로그에는 트위터 말고도 여러 가지가 있지만, 아직까지는 트위터가 가장 인기가 높아요. 현재, 트위터는 세계에서 가장 인기 있는 10대 사이트 중 하나입니다.

트위터의 이용

트위터 창립자들은 이 사이트가 가족과 친구를 연결해 주는 것 이상의 일을 할 수 있다고 믿었습니다. 트위터가 공개된 2006년에 미국 샌프란시스코에는 작은 지진이 발생했습니다. 창립자들은 이 사실을 알고 트위터로 지진 소식을 알렸어요. 놀랍게도, 다른 사용자들도 똑같이 지진을 알리고 있었답니다. 창립자들은 텔레비전이나 라디오 등 주류 언론을 확인했지만, 그 어디서도 지진 소식을 들을 수 없었어요. 이렇게 해서 트위터가 중요한 소식을 재빨리 전해 준다는 사실이 증명되었습니다. 트위터 등의 단문 블로그를 어떤 용도로 쓸 수 있는지 볼까요?

- **상품 판매를 돕는 판촉 도구**

  판촉 행사나 할인 판매 소식을 빠르게 전해 매출을 높일 수 있습니다.

- **사람을 모으고 조직화하는 도구**

  2009년 4월, 동유럽 국가인 몰도바에서는 시민들이 트위터를 이용해 1만 명이 넘는 시위대를 모아 **공산주의**(나라의 경제를 정부가 통제하는 정치 체제) 지도자들에게 항의했습니다.

몰도바 시민들이 트위터를 이용해 정부에 항의하는 대규모 시위를 벌였다.

• 위급한 상황을 알리는 도구

2009년 2월, 거대한 산불이 호주 빅토리아를 집어삼켰습니다. 호주 수상 케빈 러드는 트위터를 이용해 주민들에게 비상시 도움을 요청할 수 있는 곳을 알려 주고, 국민들에게 모금과 헌혈에 참여하도록 권유했습니다.

• 연예인들의 소식을 전하는 도구

연예인들 가운데에는 트위터를 좋아하는 사람이 많습니다. '팔로워' 에게 '트윗' 메시지를 보내면 팬들이 자신을 오래 기억할 수 있으니까요. 그렇게 해서 가수는 음반 판매량을 늘리고, 배우는 관객을 늘리고 싶어 합니다. 연예인의 사생활을 즐겨 다루는 잡지나 웹사이트는 과장되거나 거짓된 보도를 하는 경우가 많습니다. 하지만 트위터를 쓰면 연예인이 팬들에게 직접 이야기할 수 있어 이런 문제를 어느 정도 해결할 수 있지요.

트위터의 문제점

트위터는 소식을 빠르게 전해 주지만, 헛소문도 빠르게 퍼뜨립니다. 미국 연예인 마이클 잭슨과 파라 포셋이 2009년 6월 25일 사망하자, 트위터에는 같은 날 또 한 명의 연예인이 죽었다는 소문이 퍼졌습니다. 제프 골드블럼이 뉴질랜드에서 영화를 찍던 중 세상을 떠났다는 거였지요. 이 소식을 듣고 누가 가장 놀랐을까요? 바로 제프 골드블럼 본인이었어요. 미국 로스앤젤레스에 멀쩡히 살아 있었으니까요!

트위터는 일에 집중하는 데 방해가 되기도 합니다. 점심 식사 같은 사사로운 이야기까지 쉴 새 없이 주고받을 수 있기 때문이지요. 친한 친구가 점심에 뭘 먹었는지 아는 게 정말 중요한 일일까요? 게다가 그 친구와 학교 식당에서 같이 밥을 먹은 경우라면 말입니다.

단문 혁명에 참여하기

여러분도 트위터에 글을 쓰고 '팔로워'를 거느릴 수 있습니다. 원하면 어떤 유명한 사람이라도 '팔로'해서 그 사람 이야기를 들을 수 있어요. 하지만 조심해야 합니다. 잘못하면 여러분을 따르는 팔로워가 현실에서도 여러분 주위를 어슬렁거리며 따라다닐 수 있으니까요. (인터넷 안전 수칙에 대해 자세히 알고 싶다면 83쪽을 참고하세요.)

웃고 있는 제프 골드블럼. 그가 죽었다는 것은 헛소문이었다.

다양한 관점

연예인 흡연 장면을 담은 이미지를 블로그에서 쉽게 찾을 수 있고, 이미지에 대한 설명은 흡연을 미화하는 경향이 있다 … 지금처럼 관련 규제가 없는 상황이 지속되면 청소년에게 악영향을 미칠 수 있으므로 성인 인증 시스템 도입 등 규제 방안이 마련돼야 한다.

— **이성규** 샌프란시스코캘리포니아주립대(UCSF) 박사 후 연구원 (국민일보 2012년 1월 3일자)

소수만이 오가는 개인 블로그는 일기장처럼 지극히 사적인 공간이다. 개인의 사적인 발언은 예술적, 사상적 가치가 있느냐 없느냐의 논쟁 이전에 당연히 보장되어야 할 권리다.

— **김형완** 인권정책연구소장 (경향신문 2012년 10월 19일자)

간추려 보기

· 1999년 파이라 랩(Pyra Labs)이 '블로거' 라는 이름으로 무료 서비스를 시작하면서 블로그의 역사가 시작되었다.

· 블로그는 누구나 쓸 수 있기 때문에 잘못된 사실이 퍼지는 통로가 되기도 한다. 한편에서는 블로그를 규제해야 한다고 주장하지만, 블로그를 규제하면 표현의 자유가 위축되는 문제가 있다.

· 단문 블로그인 트위터는 사람들이 자주 그리고 빠르게 소식을 주고받도록 도와준다.

사이버 공동체

SNS가 사람들이 의견을 주고받는 가상 공동체(virtual community) 역할을 하기도 합니다. 예를 들어 2010년 1월 아이티가 지진으로 큰 피해를 입었을 때, 자원봉사자들이 많은 페이스북 계정을 새로 만들어 피해 상황을 사진으로 올리고, 희생자들을 도울 방법 등을 교환했어요.

인터넷은 복잡하고 끝없는 공간처럼 보입니다. 이 광활한 공간을 누비면서 사람들은 때때로 외로움을 느낍니다. 이름이나 아이디(ID)를 기억해 주는 친근한 공간을 그리워하지요. **포털**(Potal)과 SNS(Social Network Service, 사회 교류망 서비스)는 복잡한 인터넷을 친숙하게 사용할 수 있도록 돕는 대표적인 서비스입니다. 포털을 이용하면 인터넷이라는 정보의 바다에서 쉽게 정보를 찾을 수 있지요. 또한 싸이월드나 페이스북 같은 SNS 사이트는 친구들과 계속 연락을 주고받을 수 있게 해 줍니다.

포털

포털 사이트는 여러 곳에 흩어져 있는 정보를 한데 모아서 보여 줍니다. 포털에 가면 이메일, 메신저 프로그램(46쪽 설명 참고), 검색 엔진(구글, 네이버, 네이트, 빙), 뉴스 등을 한꺼번에 볼 수 있어요. 이처럼 다양한 서비스를 제공하는 포털에는 네이버, 네이트, 다음, MSN, 아이구글(iGoogle) 등이 있어요.

• 이메일

이메일은 '전자우편' 이라는 뜻을 지닌 '일렉트로닉 메일(Electronic Mail)' 의 준말입니다. 이메일은 다른 사람들과 **디지털** 메시지를 주고받는 방법 중 하나예요. 핸드폰으로 주고받는 문자 메시지와 달리, 이메일은 인터넷을 통해 전달되고 내용도 인터넷에 저장할 수 있어요. 글자 수에 제한이 없어서 정중한 내용도 전할 수 있지요.

젊은 사람들은 보통 이메일보다는 SNS를 통해 메시지를 보내는 것을 더 좋아합니다. 하지만 이메일을 쓰면 싸이월드나 페이스북에 친구로 등록되지 않은 사람들과도 이야기를 나눌 수 있어요. 먼 곳에 있는 친구나 가족들에게 소식을 전하기도 좋습니다.

이메일을 사용하는 때에도 주의가 필요합니다. 모르는 사람이 보낸 이메일은 의심해 보아야 합니다. 사기일 수도 있고, '스팸' 이라 부르는 광고 메일일 수도 있으니까요.

• 메신저

이메일 서비스는 대개 '실시간' 으로 이야기를 주고받을 수 있는 메신저 기능을 가지고 있습니다. 메시지를 보내면 상대방 화면에 작은 말풍선이 뜨지요. 메신저는 젊은 사람들이 소식을 주고받는 대표적인 수단이 되었습니다. 거의 모든 사람이 이메일과 메신저 계정을 가지고 있거든요. 하지만 선생님처럼 정중하게 대해야 하는 어른들에게는 메신저가 적합하지 않습니다.

▌ 청소년들이 친구와 연락하기 위해서, 또는 연락이 끊긴 친구를 찾기 위해서 SNS로 몰려들고 있다.

소셜 네트워크, 즉 SNS란?

올해 13세인 매기는 컴퓨터를 켜자마자 SNS에 접속합니다. 가장 인기 있는 SNS인 페이스북은 2010년부터 세계에서 사람들이 가장 많이 방문하는 웹 사이트가 되었지요.

SNS도 포털처럼 이메일과 메신저 기능을 제공합니다. 본인 사진도 올릴 수 있고, 자신이 좋아하는 것을 소개하는 '프로필'도 작성할 수 있으며, 다른 사용자들과 '친구'를 맺을 수도 있어요. 또 긴 블로그 글을 쓸 수도 있고, **'상태 업데이트**(status update)' 기능으로 짧게 자신의 근황을 알릴 수도 있지요. 글을 쓰고 나면 그 내용이 본인 프로필 페이지와 친구들의 개인 페이지에 뜹니다.

SNS는 2005년 이후로 인기를 얻기 시작했습니다. 비록 역사는 짧지만, SNS는 사람들이 소식을 전하고 정보를 나누는 방식을 짧은 기간에 송두리째 바꿔 놓았어요. 사람들은 페이스북이나 베보(Bebo) 등으로 주류 언론에 실린 뉴스를 퍼 나르고 이 사이트들은 특종 뉴스를 빨리 전하기 위해 서로 경쟁합니다. 예를 들어 2008년 중국에 큰 지진이 났을 때, 사람들은 페이스북으로 이 소식을 재빨리 전했어요. 하지만 중국의 지진 소식을 가장 먼저 알린 건 트위터였지요.

사용자들은 SNS로 운동 경기 소식이나 사진을 전달하기도 하고, 정치 토론을 벌이기도 하며, 다른 매체가 보도하기도 전에 연예가 특종 뉴스를 전하기도 합니다. SNS가 사람들이 의견을 주고받는 가상 공동체

아이티가 2010년 1월 지진으로 고통당하고 있을 때 전 세계 사람들이 SNS를 통해 피해자들을 돕고자 노력했다.

(virtual community) 역할을 할 때도 있습니다. 예를 들어 2010년 1월 아이티가 지진으로 큰 피해를 입었을 때, 자원봉사자들이 많은 페이스북 계정을 새로 만들어 피해 상황을 사진으로 올리고, 희생자들을 도울 방법 등을 교환했어요.

청소년들 역시 SNS에 열광하고 있습니다. 친구들과 쉽게 연락을 주고받을 수 있기 때문이지요. 또 SNS에서는 스스로 원하는 모습만을 보여 줄 수 있습니다. 이 점 또한 SNS가 인기 있는 이유이지요.

SNS 선택하기

세계적으로 인기 있는 SNS 사이트에는 페이스북, 마이스페이스, 태그드(Tagged), 베보(Bebo) 등이 있습니다. 사이트의 인기 순위는 바뀔 수 있지만, SNS 자체의 인기는 쉽게 사그라지지 않을 것입니다. 사이트를 고를 때에는 친구나 가족이 많이 가입한 것을 선택하세요. 단, SNS에 가입하려면 최소 만 13세가 되어야 합니다.

SNS 안전하게 이용하기

SNS는 재미있지만, 아래 안전 수칙을 지키며 이용해야 합니다.

• '친구' 가 아니라 적일 수도 있어요

누군가 '친구맺기' 요청을 하면 거절하기 쉽지 않습니다. 그렇다고 요청을 모두 받아들이면 안 됩니다. 실제 친구나 만나 본 적이 있는 사람과만 친구를 맺는 게 좋습니다. 만일 이상한 글을 보내는 사람이 있으면 관계를 끊고 바로 어른에게 알리세요.

• 험담을 하지 마세요

페이스북 같은 SNS는 자신을 표현하기 좋은 수단입니다. 그렇다고 해서 아무 말이나 가리지 않고 해서는 안 됩니다. 실제로 SNS 사이트에서 친구와 선생님을 욕하거나 거짓말을 해서 곤란을 겪는 사람들이 종종 있습니다.

• 깊이 생각해 보고 게시물을 올리세요

이 사진이나 글을 올리면 친구가 좋아할지 스스로에게 물어보세요.

• 다른 사람들이 여러분 사진을 이용할 수도 있어요

인터넷에서 구한 사진을 광고 회사에 파는 회사도 있습니다. 인터넷에 올린 사진 때문에 여러분 얼굴이 느닷없이 광고에 나오면 정말 불쾌하겠죠? 혹시 여러분의 사진을 함부로 쓰는 사람이 있다면 사이트 담당자에게 알리세요.

• 프라이버시

여러분은 개인 정보를 아무에게나 보여 주고 싶은가요? 그렇지 않다면 정보 공개 단계를 조정해서 개인 정보를 보호하세요. 친구맺기를 한 사람에게만 개인 정보를 공개할 수도 있고, 누구나 볼 수 있도록 조정할 수도 있습니다. 낯선 사람들까지요. 어떻게 해야 할지 잘 모르겠으면 친구맺기를 한 사람들에게만 공개되도록 설정하세요.

안전한 인터넷 쓰기에 대해 더 알고 싶다면 83쪽을 참고하세요.

사례탐구 오바마 대통령의 조언

2009년 9월 8월 오바마 대통령이 학생들을 만났다. 오바마 대통령은 이 자리에서 '장차 대통령이 되려면 어떻게 해야 하느냐'는 질문을 받고 이렇게 답했다.

"여러분들이 페이스북에 글과 사진을 올릴 때 조심하라는 이야기를 먼저 해 주고 싶습니다. 여러분들은 아직 어리기 때문에 실수도 하고 어리석은 일을 할 때도 있을 거예요. 하지만 우리는 지금 유튜브 시대에 살고 있습니다. 여러분이 인터넷에 올린 것 때문에 나중에 불이익을 당할 수도 있어요. 저는 이와 비슷한 이야기를 많이 들었습니다. 어떤 사람이 남을 험담한 내용을 페이스북에 올린 뒤 무심코 취업 원서를 냈어요. 회사 관계자가 지원자에 대해 알아보다가 페이스북 글을 읽고 그 사람의 좋지 못한 행실을 알게 됐지요. 여러분이 나중에 정치를 하고 싶다면 이런 일을 먼저 조심하세요. 이게 여러분께 드리는 첫 번째 조언입니다."

점점 더 많은 회사들이 지원자들의 SNS를 확인하고 있다. 그런 면에서 오바마 대통령의 조언은 귀 기울여 들을 만하다.

부모님의 감시

어른들 사이에서도 페이스북이나 싸이월드 같은 SNS가 인기를 얻고 있습니다. 부모님, 심지어 할아버지, 할머니와 '친구맺기'를 하기도 하지요. 그러면 가족이나 친척들과 자주 소식을 주고받을 수 있습니다. 일부 청소년들은 이를 별로 달가워하지 않습니다. 10대는 어른의 감시를 벗어나 자신만의 공간을 갖고 싶어 하기 때문이지요.

하지만 부모님은 부모님으로서 해야 할 일이 있으니 어른들을 탓할 수만은 없습니다. 부모님은 여러분이 인터넷에 어떤 글을 쓰고 있는지 알 권리와 의무가 있어요. 또한 부모님께서는 여러분이 더 현명한 결정을 내리도록 도와주실 수 있습니다. 한 초등학교 6학년 학생은 선생님을 놀리는 글을 페이스북에 올렸어요. 친구들은 재미있다며 좋아했지만, 부모님이 보시고는 발각되면 학교에서 크게 혼날 거라며 걱정하셨어요. 아이는 깊이 생각한 후 그 글을 지웠답니다.

15분짜리 명성

미국의 예술가 앤디 워홀은 1968년에 유명한 말을 남겼습니다. "앞으로 모든 사람들이 15분 동안은 세계적으로 유명해지는 시대가 올 것이다." 정말 그런 시대가 왔습니다. 요즘은 평범한 사람이 텔레비전 프로그램에 출연해서 유명해지기도 합니다. 또한 인터넷을 통해 누구나 자신의 글, 사

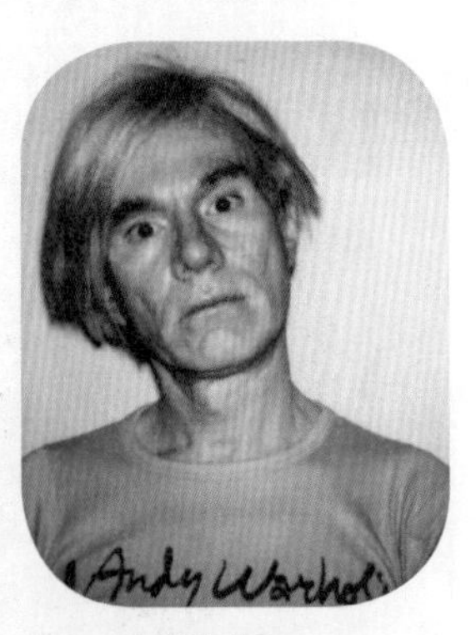

앤디 워홀

진, 비디오를 올려서 전 세계 수십 억 사람들에게 보여 줄 수 있어요.

하지만 하루아침에 '명성' 을 얻는 것이 꼭 좋지만은 않습니다. 어떤 사람들은 유명해지기 위해서라면 어떤 일도 서슴지 않고 합니다. 위험하거나 나쁜 일까지도요. 그렇게 해서 '15분짜리 명성' 을 누리고 나면 평생 후회하게 될 수도 있어요. 결과를 신중히 생각한다면 누구도 그런 일을 하지는 않을 거예요. 이런 식으로 '명성' 을 얻었다가 남에게 알리고 싶지 않은 사생활까지 다 공개될지도 모릅니다.

다양한 관점

페이스북을 통해 연락이 끊겼던 사람들이 어떻게 지냈고, 그동안 어떤 일을 겪었는지를 알 수 있어서 좋아요. 하지만 페이스북에 너무 개인적인 내용을 써서는 안 될 것 같아요. 또 페이스북 덕분에 상대와 대화하지 않고 모든 것을 알 수 있게 되었다 하더라도, 직접 만나서 대화하는 건 꼭 필요해요.

– 노아 13세

SNS에서는 흥미진진한 드라마가 펼쳐질 때가 많아요. 사람들은 인터넷 공간에서 더 솔직해지곤 하니까요. 직접 말하기 어려운 것도 자판으로 치기는 쉽거든요. 상대방이 눈에 보이지 않으니까요.

– 매기 13세

간추려 보기

- 포털과 SNS는 사람들이 가장 많이 이용하는 인터넷 사이트이다. 포털을 이용하면 정보를 쉽게 찾을 수 있고, SNS는 연락을 주고받는 데 유용하다.
- SNS는 신문이나 뉴스보다 더 빠르게 사건을 전달할 뿐만 아니라, 사람들이 의견을 주고받는 가상 공동체 역할도 하고 있다.
- SNS를 이용할 때는 무심코 올린 글과 사진으로 본인이나 친구들이 어려움을 겪지 않도록 조심해야 하고, 개인 정보 관리에도 신경을 써야 한다.

위키피디아와 인터넷 평점

'위키(Wiki)'는 다른 사람들과 힘을 합쳐 만든 사이트를 말합니다. 위키 사이트에서는 방문객들이 언제라도 내용을 원하는 대로 바꿀 수 있어요. 이것이 위키가 '블로그'와 다른 점이지요.

'위키(Wiki)'는 다른 사람들과 힘을 합쳐 만든 사이트를 말합니다. **위키** 사이트에서는 방문객들이 언제라도 내용을 원하는 대로 바꿀 수 있어요. 이것이 위키가 '블로그'와 다른 점이지요. 블로그에서는 방문자가 답글을 달 수 있지만, 주인이 쓴 글을 바꿀

위키 사이트를 만들기 위해서는 수많은 사람과 협력해야 한다.

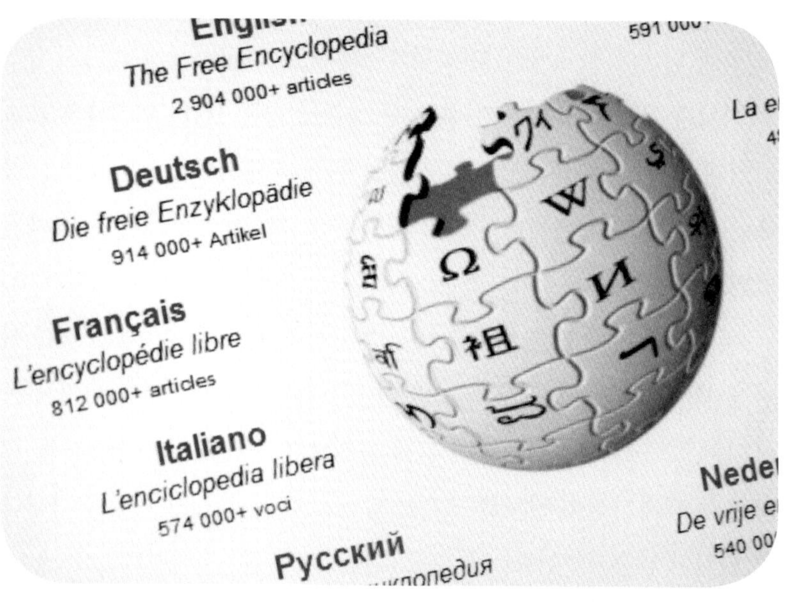

수는 없습니다. 반면에 위키 사이트에서는 다른 사람이 쓴 글도 고칠 수 있어요. 이처럼 위키는 여러 사람이 함께 일할 수 있게 해 줍니다. 과학자나 사업가가 여러 사람들과 협력해 일하는 것과 같은 방식이지요.

세계에서 가장 유명한 위키 사이트는 '위키피디아(Wikipedia)' 입니다. 상호 작용이 특징인 온라인 백과사전이지요. 위키를 통한 공동 작업은 학교와 회사에서도 인기를 얻고 있습니다. 위키는 참여자에게만 공개되는 경우가 많아요. 다른 사람들은 초대를 받아야 내용을 볼 수 있지요.

브리태니카와 경쟁하는 위키피디아

2005년에 과학 학술지 〈네이처〉가 위키피디아와 브리태니카 백과사전을 비교했습니다. 브리태니카는 영어권에서 가장 오래되고 가장 신뢰받는 백과사전입니다. 두 백과사전을 비교한 까닭은, 과학 분야에서 어느 쪽이 더 정확한지 알아보기 위해서였어요. 전문가들은 42가지 항목을 비교 분석했습니다. 위키피디아는 항목당 평균 4개의 오류가 있었고, 브리태니카는 3개였어요. 연구자들은 두 백과사전에서 모두 8개의 '중대한 오류'를 찾아냈는데, 위키피디아에서 4개, 브리태니카에서 4개를 발견했습니다.

이 연구 결과에 많은 사람들이 놀랐습니다. 브리태니카에 글을 쓴 사람 중에는 알베르트 아인슈타인이나 칼 세이건 같은 유명 과학자도 포함되어 있는데, 위키피디아가 그에 못지않게 정확했기 때문이지요. 이로써 두 백과사전이 정보를 모으는 방식은 다르지만, 모두 믿을 만하다는 사실이 입증되었어요.

알아두기

위키피디아의 첫 페이지에는 '위키피디아는 내용의 확실성을 보장하지 않습니다. 위키 미디어 재단은 오류에 대해 어떠한 책임도 지지 않습니다'란 메시지가 등장한다. '우리 모두의 백과사전'을 표방하고 비전문가들이 글을 쓰다 보니, 정확하지 않은 정보를 공유할 수도 있는 것이다.

사례탐구 인벤타-피디아 이야기

미국의 어느 5학년 학급에서 과학 선생님과 함께 위키 사이트를 개설했다. '발명가 백과' 라는 뜻의 위키 사이트 '인벤타-피디아(Inventa-pedia)' 이다. 학교에서 과학 박람회를 열 예정이어서, 학생들이 이 행사에 대해 생각할 기회를 주려고 사이트를 만들었다고 한다. 학생들은 위키에 접속해서 옛날 박람회 사진도 보고, 중요한 날짜와 안내 사항도 확인할 수 있었다.

'토론 게시판' 도 마련해 학생들은 질문을 올리거나 답을 하고, 이런저런 생각도 나누었다. 학생들은 언제 어디서든 글을 올릴 수 있었다. 학교에서뿐 아니라 집에서도 글을 올렸다.

그러자 놀라운 일이 벌어졌다. 누가 억지로 시킨 것도 아닌데 위키 사이트를 만든 지 하루 만에 모든 학생들이 한 번씩 글을 올린 것이다. 학생들은 밤늦게, 심지어는 주말에도 글을 올렸다. 학생들이 열심히 참여해 아이디어를 낸 결과, 계획보다 2주나 빨리 박람회 준비를 마칠 수 있었다. 재미있게도, 수업 시간에 말을 잘 안 하던 학생들이 오히려 더 열심히 참여했다. 위키 덕분에 학생들이 서로 배울 수 있었고, 그 과정에서 자연스레 함께 목표를 이룰 수 있었다.

알아두기

- '위키(wiki)'는 하와이 말로 '빠른'이라는 뜻이다.
- 2007년 3월, 82만 명에 달하는 사람이 위키피디아에 방문해 글을 쓰거나 편집을 했다.

위키피디아의 장점

위키피디아 영어판은 2001년에 탄생했고, 다양한 주제로 300만 개의 항목을 수록하고 있습니다. 인터넷판과 인쇄판을 통틀어 이만큼 방대한 백과사전은 없답니다. 위키피디아는 사람들이 가장 많이 찾는 인터넷 참고 자료 사이트로, 세계에서 가장 인기 있는 10대 사이트 중 하나입니다.

위키피디아는 '살아 있는 문서' 라는 점이 다른 백과사전과 다릅니다. 누구든 원할 때 글을 쓸 수 있고, 남이 써 놓은 글을 편집할 수도 있지요. 많은 사람들이 참여해 오류를 바로잡으며, 내용도 계속 새롭게 바꿀 수 있어요.

위키피디아의 또 다른 장점은 편리하다는 점입니다. 백과사전을 찾기 위해 책꽂이를 뒤지거나 도서관에 갈 필요도 없이, 인터넷 접속만으로 누구든 무료로 이용할 수 있으니까요. 브리태니카 백과사전의 경우, 인쇄판은 사야 하고 인터넷판도 돈을 내야 볼 수 있습니다.

▌ 위키피디아가 브리태니카 백과사전의 경쟁 상대가 될 수 있을지는 아직 그 누구도 알 수 없다.

위키피디아의 문제점

위키피디아는 장점도 많지만, 단점도 있습니다. 때때로 그 단점이 심각한 문제가 될 때가 있어요. 백과사전은 대부분 해당 분야의 전문가들이 씁니다. 하지만 위키피디아는 누구나 참여할 수 있기 때문에 그만큼 실수도 많습니다. 예를 들어, 가수 마이클 잭슨이 죽던 날 사망 관련 사실이 제대로 확인되지 않았는데도 수백만 명이 위키피디아에서 글을 쓰고 고쳤어요.

위키피디아 편집진과 방문자들이 큰 오류를 빨리 잡아내지만, 때로는 사실을 바로잡기까지 여러 날이 걸리기도 합니다. 어떤 사람들은 일부러 거짓이나 부정확한 사실을 써 놓기도 합니다. 선거 운동 기간에는

마이클 잭슨이 죽은 날, 위키피디아 항목은 수백 번 바뀌었다.
하지만 그중에서 정확한 내용은 많지 않았다.

지지자들이 특정 후보의 업적을 부풀려 쓰기도 하고, 상대 후보를 헐뜯거나 거짓말을 하기도 하지요.

위키피디아에 참여하기

위키피디아의 목표는 '인간의 모든 지식을 한데 모으는 것'입니다. 위키피디아의 독자가 되는 데 만족하지 마세요. 여러분도 저자로 참여해 직접 글을 쓰거나 고칠 수 있습니다. 여러분이 잘 아는 주제로 글을 한번 써 보는 건 어떨까요? 스노보드 타기에 대해 써 보면 어떨까요? 좋아하는 축구팀에 대해 적어도 좋습니다.

만일 관심 있는 주제의 글이 있다면 잘 살펴보세요. 혹시 잘못된 내용이나 빠진 부분은 없나요? 틀렸거나 누락된 내용이 있으면 바로잡고 추가할 수 있습니다. 원하는 항목이 없으면 새로 쓸 수도 있지요. 하지만 글쓰기를 시작하기 전에 위키피디아의 도움말을 읽고 참여자들이 지켜야 할 규칙과 지침을 잘 이해해야 합니다.

위키피디아 항목을 평가하는 방법

위키피디아 내용이 믿을 만한지 아닌지 어떻게 알 수 있을까요? 여러분들의 판단에 도움을 주기 위해 위키피디아는 '위키트러스트(WikiTrust)'라는 새로운 기능을 추가했습니다. 이것은 글쓴이의 신뢰도를 표시해 주는 소프트웨어랍니다. 하지만 자료가 믿을 만한지는 궁극적으로 여러분이 판단해야 해요. 다음 질문을 스스로 해 보면 도움이 됩니다.

- **누가 썼나요?**

항목에서 글쓴이 이름을 찾을 수 있나요? 없다면 믿기 어려운 글일 수도 있습니다. 믿을 만한 글을 썼다면 정체를 감출 이유가 있을까요?

- **인용문의 출처가 나와 있나요?**

정보의 출처가 분명히 밝혀져 있나요? 만일 위키피디아 항목에 "돌고래는 냄새를 맡지 못한다고 알려져 있다"는 내용이 있다면, 이 주장을 뒷받침하는 책, 기사, 웹 사이트가 나와 있어야 합니다. 만일 출처가 밝혀져 있지 않거나 '출처 필요(citation needed)' 표시가 있다면 쉽게 믿어서는 안 됩니다.

• 어떤 문헌을 참고했나요?

정보의 출처가 믿을 만한가요? 우주여행 항목에서 미국 항공 우주국(NASA)은 믿을 만한 출처지만, 외계인 납치 센터 같은 단체는 믿을 수 없습니다.

• 의견이 아닌 사실을 말하고 있나요?

항목의 내용이 사실인지 확인하세요. "코알라는 오스트레일리아에 서식하는 초식성 유대류다."는 '사실' 이지만, "코알라는 모든 동물 중에서 가장 귀엽다."는 말은 '의견' 입니다. 의견을 사실처럼 써 놓은 항목은 신뢰하기 어려우니 조심하세요.

위키피디아는 좋은 참고 자료지만, 100퍼센트 완벽하지는 않습니다. 찾고 있는 주제에 대해 균형 잡힌 시각을 갖고 싶다면, 위키피디아뿐 아니라 다른 자료들도 함께 참고하세요. 추천할 만한 자료로는 논픽션 도서(실화를 기록한 책), 시사 잡지, 세계 지도, 웹 사이트 등이 있습니다. 도서관 데이터베이스를 이용하면 믿을 만하고 쓰기 쉬운 사이트를 많이 찾을 수 있어요. 또 한 가지 꼭 알아 두어야 할 것이 있습니다. 위키피디아처럼 인쇄되지 않은 정보도 출처를 밝히지 않고 베껴 쓰면 **표절**이랍니다.

▍위키피디아만 참고하면 완전한 정보를 얻기 어렵기 때문에 다른 자료들도 함께 참고해야 한다.

스스로 판단하세요

선거권은 만 19세가 되어야 주어집니다. 하지만 인터넷에서는 누구나 자유로이 투표할 수 있습니다. 나이와 상관 없이 의견을 묻고 반영하는 사이트들이 많으니까요. 여러분이 직접 매기는 순위, 평점, **태그** 등이 다른 사람들의 판단에 도움을 줄 수 있습니다. 여러분이 좋아하는 것을 남에게 소개할 수도 있고, 투표를 해서 어떤 뉴스가 중요하게 보도될지 결정할 수도 있지요.

• 순위

수백 년 동안 주류 언론은 자신들이 독자나 시청자들이 원하는 이야기를 선택해서 보도한다고 말해 왔습니다. 하지만 최근까지도 독자나 시청자들이 언론사에 직접 의사를 전달할 방법은 없었어요. 그러나 인터넷이 등장한 후 상황이 달라지고 있습니다.

디그(Digg)라는 사이트는 사람들이 인터넷에서 본 뉴스, 블로그, 비디오를 서로 나눌 수 있게 해 줍니다. 게시물이 마음에 들면 '디그' 버튼만 누르면 되지요. 버튼을 누른 사람이 많을수록 뉴스가 화면에서 위로 올라갑니다. 이런 식으로 독자들이 투표를 해서 중요한 '1면 기사'를 결정할 수 있어요. 많은 인터넷 신문이 '사람들이 이메일로 가장 많이 보낸 뉴스'와 '가장 많이 본 뉴스' 등을 표시하는 기능을 갖고 있습니다. 이런 기능 덕분에 신문사는 독자들이 무엇을 좋아하는지 파악할 수 있고, 독자들은 사람들이 어떤 뉴스를 중요하게 여기는지 알 수 있지요.

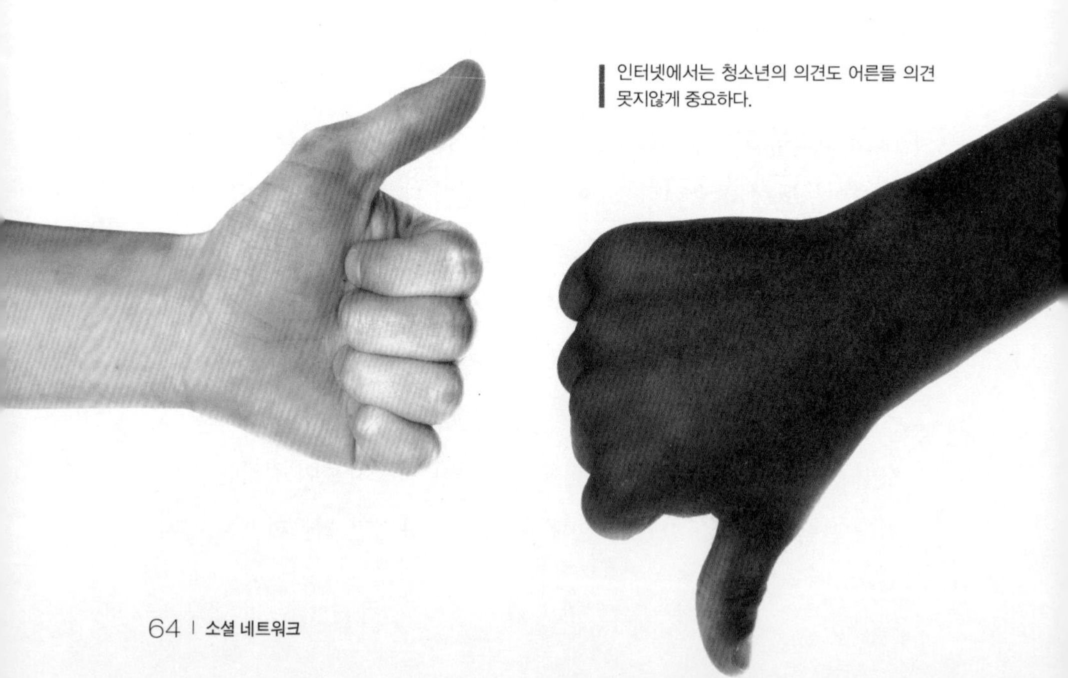

인터넷에서는 청소년의 의견도 어른들 의견 못지않게 중요하다.

• **평점**

어떤 책이 읽을 만한지 알고 싶은가요? 옛날 같으면 출판사에서 제고하는 정보를 살펴보거나 책을 읽은 주변 사람들의 이야기를 들었을 거예요. 아니면 평론가 의견을 참고했겠지요. 물론 지금도 친구와 평론가들이 책을 고르는 데 도움이 되긴 합니다.

하지만 이제 전문가가 아니어도 평가에 참여할 수 있습니다. 인터넷 쇼핑몰에서 누구나 자유롭게 제품 평을 쓸 수 있지요. 예컨대 인터넷 서점에서는 독자들이 서평을 쓰고 '별점' 도 매길 수 있어요. 덕분에 전국 각지 사람들의 생각을 들어 볼 수 있습니다.

• **연관어 태그 달기**(Tagging)

라디오 방송국은 피디(프로듀서)가 고른 음악을 방송합니다. 하지만 인터넷에서는 여러분이 좋아하는 음악으로 자신만의 라디오 방송을 만들 수 있어요. 판도라(Pandora)나 라스트에프엠(Last.fm) 같은 음악 사이트에 가면 여러분이 좋아하는 가수의 '태그(tag)' 를 달 수 있습니다. 태그를 달면 그 가수가 부르는 노래나 비슷한 느낌의 다른 가수 음악이 연주됩니다. 만일 나오는 음악이 마음에 안 들면 버튼을 눌러 싫다는 표시만 해 주면 돼요. 그러면 전혀 다른 느낌의 음악이 흘러나옵니다. 인터넷 쇼핑몰도 비슷한 방법으로 여러분이 좋아하는 물건을 추천해 줍니다. 여러분이 '태그' 를 단 물건과 비슷하거나 연관된 상품을 보여 주지요.

• **온라인과 신뢰**

온라인상에 떠도는 모든 의견이 다 믿을 만한 건 아닙니다. 인터넷에

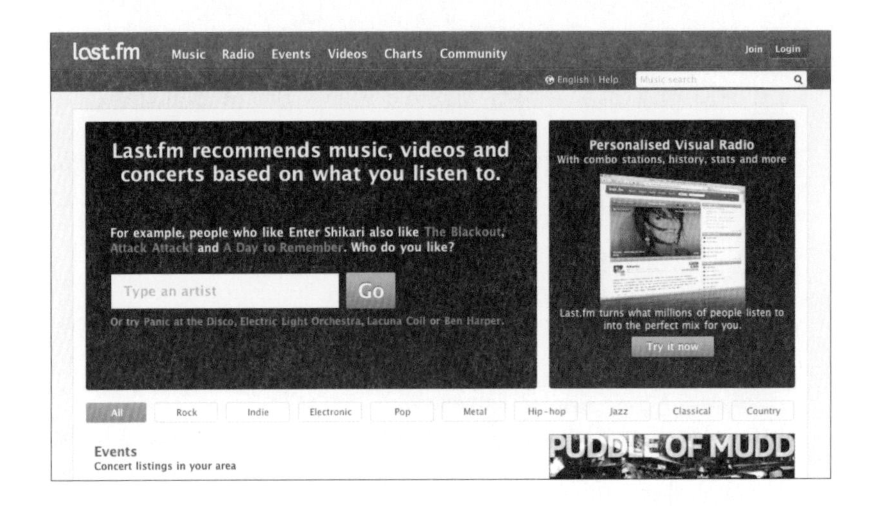

라스트에프엠은 이용자가 태그를 단 음악가를 중심으로 음악을 골라 준다. 이용자의 컴퓨터나 MP3 플레이어에 저장한 음악 파일을 분석해서 비슷한 종류의 음악을 들려주기도 한다.

서 영화, 책, 음악 등을 추천하는 사람들은 전문가가 아닌 경우가 많거든요. 따라서 누구의 추천이 믿을 만한지 잘 생각해 봐야 합니다. 과격한 말이나 욕설이 담긴 평은 믿지 않는 게 좋습니다. 거친 말은 그 글이 객관적이거나 공평하지 않다는 것을 말해 주니까요. 인기가 많다고 해서 신뢰할 만한 글은 아니라는 점도 기억하세요. 사용자 평을 읽을 때는 글쓴이의 취향과 경험을 잘 따져서 판단해야 합니다.

다양한 관점

지금도 위키피디아는 학계에서 기존의 어떤 백과사전보다도 광범위하게 인용되고 있다.

– 지미 웨일스 위키피디아 창립자

위키피디아는 백과사전인 만큼 내용을 올리는 사람들의 정직성과 정확성이, 참여형이라는 점에서 성실성이 동시에 요구된다 … 두 요소 중 하나라도 무너지거나 악의적으로 왜곡된 정보를 퍼뜨리려는 시도가 있다면 내용이 편향적일 수 있다. 사용자들도 내용을 무조건 사실로 받아들이지 말고 선별적이고 비판적으로 수용해야 한다.

–박성희 이화여대 언론홍보학과 교수

간추려 보기

· 위키피디아는 누구든 원할 때 글을 쓰고 고칠 수 있는 인터넷 백과사전이다. 하지만 확인되지 않은 부정확한 사실들도 올라와 있어 자료가 믿을 만한지 주의 깊게 판단해야 한다.
· 인터넷을 통해 중요한 뉴스를 평가할 수도 있고, 다른 사람들이 쓴 서평을 읽어 볼 수도 있다.

이미지의 힘

유튜브는 비디오 공유 사이트입니다. 사람들이 올린 비디오를 볼 수 있고, 본인이 직접 비디오를 올릴 수도 있어요. 유튜브에 올라와 있는 비디오는 정말 다양해요. 외국 지도자들이 전쟁을 놓고 토론하는 진지한 내용이 있는가 하면, 아기가 익살스런 표정을 짓는 가벼운 비디오도 있습니다.

2009년 4월 11일, 수잔 보일이라는 여성이 〈영국인은 재주꾼(Britain's Got Talent)〉이라는 프로그램에 출연했습니다. 수잔 보일은 스코틀랜드의 작은 마을에서 태어났어요. 사람들은 외모만 보고 비웃었지만, 보일은 감동적이고 뛰어난 가창력으로 '나는 꿈을 꾸었어요(I Dreamed a Dream)'를 불러 관객들을 사로잡았습니

유튜브가 없었다면, 수잔 보일은 세계적으로 유명한 가수가 되지 못했을 것이다. 만일 가수가 되었다 하더라도 무척 오래 걸렸을 것이다.

다. 영국에서만 1천만 명에 달하는 사람이 방송을 보았습니다.

하지만 보일이 세계적인 스타로 부상한 것은 유튜브 덕분이었습니다. 유튜브에 방송이 올라온 지 72시간 만에 전 세계 250만 명이 이 동영상을 시청했어요. 9일째 되는 날은 시청 횟수가 1억 회를 넘어섰지요. 이후 음반을 내자, 세계적인 베스트셀러가 되었고, 보일은 미국 순회공연도 가졌습니다. 보일은 재능 있는 가수가 틀림없지만, 그 재능을 전 세계에 알린 건 유튜브였지요.

간단히 보는 유튜브의 역사

유튜브는 비디오 공유 사이트입니다. 사람들이 올린 비디오를 볼 수 있고, 본인이 직접 비디오를 올릴 수도 있어요. 유튜브에 올라와 있는 비디오는 정말 다양해요. 외국 지도자들이 전쟁을 놓고 토론하는 진지한 내용이 있는가 하면, 아기가 익살스런 표정을 짓는 가벼운 비디오도 있습니다. 비디오 분량은 10분 안팎으로 제한하고 있는데, 이는 사람들이 텔레비전 방송이나 영화를 통째로 올려놓지 못하게 하려는 조치입

알아두기

"우리가 이 사이트를 만든 이유는 비디오 카메라, 컴퓨터, 인터넷을 쓸 수 있는 사람이라면 누구든 자신의 삶, 예술, 의견을 세상 사람들과 나눌 수 있도록 하기 위해서입니다."

– 유튜브 최고 경영자 겸 공동 설립자 채드 헐리

니다. 안 그러면 저작권을 침해하기 쉽거든요. 이메일 주소를 등록하면 유튜브를 구독할 수도 있고, 비디오를 올리거나 다른 회원들과 친구맺기를 할 수도 있습니다. 또 비디오에 의견을 쓸 수도 있어요.

유튜브가 문을 연 2005년 이전에는 비디오를 한데 모아 놓은 사이트가 없었습니다. 이메일로 비디오를 보내기도 어려웠어요. 용량이 너무 크기 때문이지요. 그래서 인터넷상에서 비디오가 드물었고, 비디오를 서로 공유하기도 쉽지 않았습니다. 그래서 유튜브 창립자들은 비디오를 한데 모아서 보여 줄 수 있는 사이트를 만들었어요.

인기 있는 웹 사이트의 순위는 계속 바뀌지만, 유튜브는 변함없이 가장 인기 있는 사이트 다섯 개 가운데 하나로 꼽히고 있습니다.

영국 엘리자베스 여왕이 유튜브에 '왕실 채널(Royal Channel)'을 만들어 인터넷 사용자에게 친근하게 다가서기 시작했다.

유튜브의 영향력

유튜브는 생긴 지 얼마 안 되었지만, 매우 중요한 매체입니다. 유튜브가 어떤 용도로 쓰이고 있는지 살펴볼까요?

- **정치**

정치인과 공인들이 대중들, 특히 젊은 사람들과 소통하고 싶을 때 유튜브를 자주 이용합니다. 2008년 미국 대통령 선거 기간 중에는 25명의 후보 가운데 16명이 유튜브를 이용해 대선 출마 의사를 밝혔어요.

- **공공 서비스**

영국 경찰은 사람들이 폭력을 쓰는 것을 막기 위해, 2009년 7월 유튜브에 광고를 올렸습니다. 이 비디오는 특이하게도 관객이 내용을 바꿀 수 있었어요. 보는 이의 선택에 따라 다른 결말을 보여 주는 독특한 비디오였지요. 이 홍보 비디오는 젊은 사람들에게 큰 인기를 끌었습니다. '폭력은 나쁘다' 고 훈계하는 것이 아니라, 자신의 선택이 어떤 결과를 초래하는지 보여 주었기 때문이지요.

알아두기

유튜브에서는 사용자가 직접 감시원 역할을 할 수 있다. 만일 나쁜 비디오가 올라오면 깃발 모양의 단추를 눌러 '부적절' 표시를 해 주면 된다. 그러면 유튜브 직원이 비디오를 보고 규정을 어겼는지 확인한다.

▌영국 경찰이 제작한 폭력 예방 광고 영상

유튜브의 '유(You)'는 바로 여러분

인터넷에서는 비디오 카메라만 있으면 누구나 여러 사람들과 비디오를 공유할 수 있습니다. 영국 10대 소년 닉 헤일리는 2007년에 자신이 만든 애플 제품 광고를 유튜브에 올렸습니다. 그 광고가 마음에 들었던 애플은 닉을 본사에 초대했어요. 그러고는 전문 장비로 광고를 새로 만들게 해 주었습니다. 그 광고는 유명한 스포츠 행사 시간에 방송되었지요.

유튜브 쉽게 쓰기

비디오를 만들어 인터넷에 올리는 것은 쉽고 재미있습니다. 그렇다고 무분별하게 비디오를 올리면 문제가 생길 수 있어요. 지금 당장은 비디오를 올리는 게 즐거울 수도 있지만, 그것이 일주일 뒤, 일 년 뒤, 5년

뒤에도 여전히 즐거운 기억으로 남을지 비디오를 올리기 전에 신중하게 판단해야 합니다. 그렇지 않으면 곤란한 일을 겪을 수도 있습니다. 다음 사례를 보세요.

미국 플로리다에서 두 청소년이 짓궂은 장난을 치기로 했습니다. 동네 패스트푸드점에서 얼음이 든 커다란 음료를 주문한 뒤, 그걸 식당 종업원 얼굴에 끼얹은 거예요. 그러고는 그 장면을 촬영해서 유튜브에 올렸습니다. 결국 두 사람은 체포되어 폭행죄로 유죄 판결을 받았습니다. 그 벌로 100시간 사회봉사 명령을 받았고, 사과 비디오도 만들었어요. 그것을 어디에 올렸을까요? 바로 유튜브입니다.

상호 작용 텔레비전

훌루(Hula), 데일리모션(Dailymotion), 주스트(Joost), BBC 아이플레이어(BBC iPlayer) 같은 비디오 사이트에 가면 텔레비전 프로그램을 방송된 분량 그대로 볼 수 있습니다. 빠르면 방송된 다음 날 재방송 비디오를 볼 수 있지요. 웹 사이트에 따라서는 방송 전에 광고가 나오기도 하지만, 프로그램을 보기 위해 돈을 낼 필요는 없습니다.

유튜브가 사람들이 비디오를 보는 방식을 바꾸고 있다면, 위의 비디오 사이트들은 텔레비전 보는 방식을 바꾸고 있습니다. 텔레비전 프로그램을 원하는 시간에 볼 수 있기 때문에 더 이상 가족들끼리 리모콘을 가지고 싸울 필요가 없어요. 실제로 텔레비전 방송을 보여 주는 사이트가 증가하면서, 청소년들이 가족과 함께 텔레비전을 보는 시간이 줄었지요. 훌루 같은 사이트에서는 가상의 '텔레비전 시청실' 에서 방송을 보면서 사람들과 토론할 수 있어요. 채팅 게시판이나 토론방도 함께 이용할 수 있지요.

사진 함께 보기

부모님이 어렸을 때에는, 멀리 있는 사람들에게 사진을 보여 주기가 쉽지 않았습니다. 사진을 우편으로 보낼 수 있었지만, 우편 요금이 비쌌을 뿐 아니라 배달되는 도중에 사진이 구겨지기도 했어요. 이제 인터넷 덕분에 사진을 다른 사람들과 함께 보는 것이 훨씬 쉬워졌습니다. 디지털 카메라만 있으면 충분합니다. 디지털 카메라가 없다면 휴대 전화 카메라나 스캐너도 괜찮아요.

사진을 컴퓨터에 저장하고 나면 여러 가지 일을 할 수 있습니다. 사진을 블로그에 올리거나, 이메일에 첨부해서 보낼 수도 있고, 앨범을 통째로 '플리커(Flickr)' 같은 사진 공유 사이트에 올릴 수도 있습니다. 플리커 이외에 사진 공유 사이트로는 스냅피시(Snapfish), 포토버킷(Photobucket), 셔터플라이(Shutterfly) 등이 있어요. 페이스북을 통해서도 친구나 가족들과 사진을 함께 볼 수도 있지요. (사진을 올리기 전에 83쪽에 소개된 인터넷 안전 지침을 참고하세요.)

사진의 위력

여러분은 중요한 사건을 목격한 적이 있나요? 혹시 그 장면을 사진으로 찍었나요? 그렇다면 사진을 언론사에 보내 보세요. 2005년 7월, 런던 시내에 폭탄이 터져 수백 명이 죽거나 다친 사건이 있었습니다.

영국의 공영 방송 BBC는 목격자들에게 현장 사진을 보내 달라고 요청했어요. 그러자 수많은 사람들이 사진과 비디오를 보내 왔고 BBC는 이 사진과 비디오를 웹 사이트를 통해 보도해 사람들이 런던 테러 사건을 이해하는 데 큰 도움을 주었지요.

2006년 2월, 이라크 아부 그라이브 교도소에서 끔찍한 사진이 유출되어 언론에 공개됐습니다. 미군이 이라크 포로들을 학대하는 사진이었지요. 사람들은 크게 분노했고, 결국 미국 정부는 대책 마련에 나설

직접 찍은 사진을 언론사에 보내면 누구든 '시민 기자'가 될 수 있다. 2005년 7월 런던 테러 사건이 일어났을 때 많은 사람들이 언론사에 사진을 보냈다.

수밖에 없었습니다.

사례탐구 **유튜브의 명암**

영역을 넓히는 유튜브

유튜브를 매개로 전 세계인이 동시에 참가하는 다양한 프로젝트가 진행되기도 한다. 지난해 온라인 오디션을 통해 단원을 뽑은 유튜브 심포니오케스트라나 선댄스영화제의 글로벌 장편 다큐멘터리 프로젝트 '라이프 인 어 데이(Life in a Day)' 는 세계적인 화제를 낳았다. 유튜브는 소셜 미디어 역할로 영역을 넓혀 가고 있다. 아이티 지진 참사 때 실시간으로 유튜브에 올라온 현장 동영상이나, 최근 아랍권 반정부 시위 동영상은 소셜 미디어로서의 영향력을 입증했다. 이제 유튜브는 재난, 전쟁 등 언론의 접근이 어려운 현장에서도 가장 먼저 소식을 전하고 있다.

저작작권 침해 문제

독일 함부르크주 법원은 지난해 9월 유튜브에 올라온 영국 팝페라 가수 사라 브라이트만의 공연 동영상에 대해 저작권 침해 판결을 내렸다. 법원은 "이용자가 익명으로 동영상을 올린다고 해서 유튜브가 완전히 면책될 수 없다."고 판단했다. 유튜브는 등장 이후 오랫동안 '불법 콘텐츠의 온상' 이라는 꼬리표를 달고 있다. 전 세계 이용자들이 올리는 동영상 대부분이 영화나 드라마 등을 바탕으로 하고 있다. 이 때문에 마이크로소프트 CEO인 스티브 발머는 유튜브가 저작권 문제 때문에 오래 가지 못할 것이라고 전망했었다.

– 국민일보 2011년 2월 8일 기사 중에서

간추려 보기

- 비디오 공유 사이트 유튜브로 다양한 비디오를 볼 수 있다. 또 유튜브에 비디오를 올리면 여러 사람들의 의견을 들을 수 있다.
- 유튜브 통해 정치인이 선거 출마 선언을 하기도 하고, 일반인이 세계적인 스타로 떠오르기도 한다.

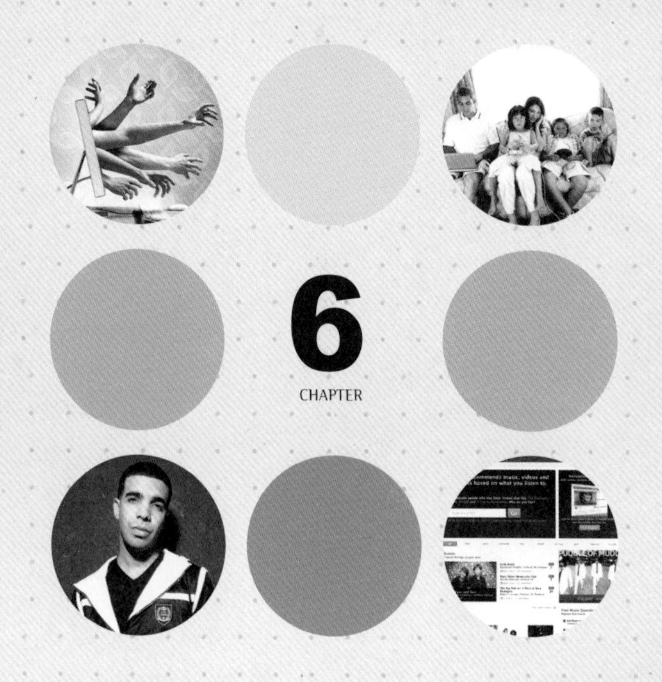

6
CHAPTER

사이버 안전과 사이버 스트레스

인터넷에는 1조 개가 넘는 웹 사이트가 있고 사용자도 수십억에 달해요. 그렇기 때문에 온라인상에서 보지 말아야 할 것을 보기도 하고, 듣지 말아야 할 것을 듣기도 하며, 만나지 말아야 할 사람을 만나기도 합니다.

인터넷 서핑은 즐겁지만, 동시에 위험하기도 합니다. 인터넷에는 1조 개가 넘는 웹 사이트가 있고 사용자도 수십억에 달해요. 그렇기 때문에 온라인상에서 보지 말아야 할 것을 보기도 하고, 듣지 말아야 할 것을 듣기도 하며, 만나지 말아야 할 사람을 만나기도 합니다.

인터넷은 공공장소랍니다. 따라서 실제 공공장소에서처럼 조심해야 하지요. **사이버** 안전을 위한 몇 가지 요령을 알아보겠습니다.

- **낯선 사람은 위험해요**

모르는 사람과는 인터넷이나 카카오톡으로 이야기를 나누지 마세요. 거짓말로 여러분을 속여 접근하는 사람들을 만날지도 몰라요. 누군가 온라인에서 여러분에게 접근한다면 실제 현실에서도 접근할 수 있습니다. 그렇기 때문에 온라인에서 알게 된 사람을 실제로 만나서는 절대, 절대 안 됩니다.

- **프라이버시가 중요해요**

인터넷에 전화번호, 나이, 주소, 학교, 메신저 아이디 등을 절대로 올려서는 안 됩니다. 가능하면 성과 이름을 같이 올리지 않는 게 좋아

▌ 훈련하고 대비하면 인터넷의 위험에서 자신을 지킬 수 있다.

요. 자세한 정보를 올릴수록 나쁜 사람들 눈에 띄기 쉽고 개인 정보를 도둑맞을 위험도 커집니다.

• 비밀번호를 잘 간수하세요

비밀번호는 이름이나 생일처럼 짐작하기 쉬운 것으로 하면 안 됩니다. 문자와 숫자를 꼭 섞어서 비밀번호를 만들어 쓰세요. 비밀번호는 누구에게도 알려 주면 안 됩니다.

• 인터넷에 올린 것은 지워지지 않아요

인터넷에 올린 글이나 사진은 영원히 남습니다. 남들이 못 보도록 해 놓은 것도 언제든 복사되어 인터넷에 퍼질 수 있지요. 그러면 부끄러운 일을 당할 수도 있고, 원하는 직장이나 학교에 들어가지 못하는 상황이 벌어질 수도 있습니다.

• 사이버 학대는 심각한 문제예요

괴롭힘은 학교나 공원, 어디에서나 일어날 수 있습니다. 온라인에서도 일어날 수 있지요. 상대방의 모습이 보이지 않는다고 더 쉽게 남을 괴롭히는 사람도 있습니다. 만일 누가 온라인에서 괴롭히면 곧바로 어른에게 알리세요. 괴롭힘이나 학대를 받고 그냥 있어서는 안 됩니다.

사이버 스트레스

여러분은 기술의 혜택 없이 살 수 있나요? 청소년들은 하루 평균 7시간 반을 미디어와 함께 보낸다고 합니다. 미디어는 전화, MP3 플레이어, 컴퓨터, 비디오 게임, 인터넷, 텔레비전, DVD 등을 뜻합니다. 7시간 반이면, 회사원들이 하루 종일 일하는 시간과 비슷합니다. 게다가 인터넷에는 1조 개가 넘는 웹 사이트가 여러분의 관심을 끌기 위해 경쟁하

알아두기

개인 정보가 유출되지 않았는지 자주 확인하고 관리하는 것이 중요하다. '주민 등록 번호 클린센터', 'Siren24' 등을 이용하면 개인 정보가 유출되었는지 확인할 수 있다.

고 있어요. 게다가 1분에 하나씩 새로운 사이트가 생겨나고 있지요.

기술은 많은 혜택을 가져다줍니다. 기술 덕택에 생각을 널리 알릴 수 있고, 사람들과 손쉽게 연락할 수 있으며 마우스 클릭 한 번으로 뭐든지 찾을 수 있으니까요. 하지만 이러한 기술이 스트레스의 원인이 되기도 합니다. 심하면 사람을 병들게 할 수도 있어요. 일례로 컴퓨터 모니터를 오래 보고 있으면 눈이 아픕니다. 인터넷으로 너무 많은 정보를 접하면 신경이 예민해져 잠이 안 오기도 하지요. 이런 현상을 '사이버 스트레스'라고 합니다. 사이버 스트레스를 겪으면 눈이 피로하거나, 목이 뻐근해지지요. 혹은 많은 사람들 생각에 스트레스를 받거나, 혈압 상

기술이 가족을 하나로 묶어 주는지, 아니면 갈라놓는지 깊이 생각해 볼 필요가 있다.

승, 두통, 불면증 등의 증상이 나타납니다.

사이버 스트레스 예방하기

아래 사실을 알아 두면 미디어를 이용할 때 도움이 됩니다.

- 여러 가지 일을 한꺼번에 하는 '멀티 태스킹'을 피한다. 연구 결과에 따르면, 여러 일을 동시에 하면 어느 한 가지도 잘하기 어렵고, 시간도 더 오래 걸린다고 한다. 한 번에 하나씩 해결하는 것이 더 즐겁고 알차게 일하는 방법이다.
- 휴식이 필요하다. 가끔 쉬면서 머리와 몸을 같이 쓰는 활동을 한

캐나다 랩 가수 드레이크는 그의 노래, 〈현실을 말하세요(Say What's Real)〉에서 "카메라를 든 채 삶을 살아갈 수는 없어요."라고 노래했다.

다. 걷거나 뛰거나, 좋아하는 운동을 한다.

- 가급적 컴퓨터상의 정보를 인쇄해서 읽도록 한다. 인터넷을 사용하면 이것저것 클릭하게 되어 집중하기 어렵다. 다만 종이 재활용은 잊지 말자.
- 책이나 잡지를 읽는다. 책이나 잡지를 읽으면 사이버 스트레스를 풀고 성적을 올리는 데도 도움이 된다. 연구에 따르면, 인쇄된 책이나 잡지가 다른 미디어보다 성적 향상에 훨씬 효과적이라고 한다.
- 일에 집중하려면 메신저나 카카오톡 같은 채팅 프로그램을 꺼 둔다. 그러면 방해받지 않고 일에 집중할 수 있다.

사례탐구 사이버 중독

서울 동대문구에 사는 E씨는 요즘 걱정이 이만저만이 아니다. 고등학교 2학년인 딸 F양이 하루 종일 스마트폰을 붙들고 살기 때문이다. 카카오톡으로 친구랑 대화를 하거나 가벼운 게임을 하는 식이다. 아무것도 하지 않을 때도 혹시 친구한테 메시지가 올까 봐 8초에 한 번씩 스마트폰을 확인할 정도다. 인터넷중독상담센터에서는 이런 증상을 스마트폰 '확인 중독' 이라고 진단한다.

F양은 스마트폰이 생긴 이후로 다른 어떤 것에도 집중할 수 없었다. 학교 성적은 반 7등에서 28등까지 떨어졌다. E씨는 F양이 스마트폰을 적당히 사용하지 않으면 스마트폰을 빼앗겠다고 경고했으나 F양은 달라지지 않았다. 스마트폰을 빼앗자 F양은 가출을 했다. 사흘 후 집으로 돌아온 F

양은 "나는 스마트폰을 안 쓰면 행복할 수 없다"며 스마트폰을 돌려줄 때까지 묵비권을 행사했다. E씨는 "딸이 내성적인 성격인데 스마트폰을 쓸 때는 친구들과 과격한 대화를 하거나 혼자 깔깔대며 웃는 등 성격이 180도 달라진다."며 한숨을 내쉬었다.

경기도 수원에 사는 대학생 G씨는 스마트폰으로 위키피디아(사용자 참여 방식의 온라인 백과사전)에 하루에 수십 번씩 글을 올린다. 새로운 정보를 알게 되면 기존에 올린 정보를 수정하고 계속 업데이트한다. 혹시나 자신이 틀렸거나 모르는 정보가 더 있을까 봐 불안해서 쉴 새 없이 인터넷 검색을 한다. G씨는 "끊임없이 새로운 정보가 쏟아지기 때문에 그사이 내가 뒤처지는 것이 아닐까 하는 불안감에 스마트폰으로 계속 인터넷을 하게 된다."고 말했다.

스마트폰 보급이 빠르게 진행되면서 위와 같이 스마트폰을 지나치게 자주 사용하는 '스마트폰 중독'이 새로운 사회 문제로 떠오르고 있다. 손안에서 통신, 게임, 정보, 업무 등 모든 게 이뤄지다 보니 그 달콤한 재미에서 헤어나오지 못하는 이들이 적지 않다. 2011년 행정 안전부의 조사 결과에 따르면 스마트폰 중독률이 성인은 7.9%, 청소년은 11.4%인 것으로 나타났다.

고영삼 한국정보화진흥원 인터넷중독대응센터장도 "스마트폰은 언제 어디서나 사용할 수 있다는 점에서 인터넷이나 게임보다 중독의 위험도가 훨씬 더 높다. 그럼에도 그런 위험성에 대한 인식이 상대적으로 부족하다는 게 문제"라고 지적했다.

– 매일경제 2012년 9월 10일 기사 중에서

간추려 보기

· 인터넷 공간을 이용할 때에는 낯선 사람의 접근이나 괴롭힘, 개인 정보의 유출에 주의해야 한다. 또 인터넷상의 글이나 사진은 쉽게 지워지지 않으므로 올릴 때 신중할 필요가 있다.

· 인터넷으로 너무 많은 정보를 접하다 보면 눈이나 목이 아프고, 신경이 예민해져 잠을 못 자는 사이버 스트레스 증상이 나타난다.

7 CHAPTER

사이버 현실 참여와 검열

인터넷은 사회 운동가들이 일하는 데 유용한 도구가 되지요. 인터넷은 시위를 조직하고, 자원봉사자와 활동에 필요한 돈을 모으며, 부당한 일을 세상에 알리는 데 도움을 줍니다.

사회 운동가는 사회 문제를 해결하는 데 관심을 갖고 일하는 사람을 말합니다. 인터넷은 **사회 운동가**들이 일하는 데 유용한 도구가 되지요. 인터넷은 **시위**를 조직하고, 자원봉사자와 활동에 필요한 돈을 모으며, 부당한 일을 세상에 알리는 데 도움을 줍니다.

트위터 같은 SNS가 사회를 바꾸는 데 도움을 주기도 한다. 수천 명의 학생들이 이라크의 수도 테헤란에 모여 2009년 대통령 선거 결과에 항의하고 있다.

이란의 트위터

2009년 6월, 이란에서 대통령 선거가 열렸습니다. 많은 이란 시민들은 선거가 공정하게 치러지지 않았다고 생각했어요. 그들은 선거 결과에 항의하면서 선거를 공정하게 다시 치르라고 요구했지요. 그들은 컴퓨터와 휴대 전화로 트위터에 접속해 대규모 시위를 조직했습니다. 트위터로 경찰 진압에 대한 소식을 공유하기도 하고, 다음 시위를 어디서 열 것인지도 논의했어요. 시위 보도를 하던 외국 기자들 대부분이 쫓겨났기 때문에, 시위 참석자들이 사진을 찍어 전 세계로 보냈습니다.

카트리나 사진

2005년 8월, 허리케인 카트리나가 미국 뉴올리언스를 강타했습니다. 당시 정부 기관은 사태의 심각성을 깨닫지 못했기 때문에 피해자들에게 구호품을 신속하게 전달하지 못했습니다. 대신 허리케인에서 살아남은 사람들이 스스로 발 벗고 나섰어요. 생존자들은 허리케인의 엄청난 피해 상황을 사진과 비디오로 찍어 웹 사이트에 올렸고, 친척들에게 이메일을 보냈습니다. 그것을 본 사람들은 피해가 얼마나 큰지 알게 되었고, 생활필수품과 구조원을 보내 피해자들을 돕기 시작했어요.

인터넷 검열

'**검열**(censorship)' 이란 정보와 표현의 자유를 억압하는 것을 의미합니다. 전 세계에는 25개 이상의 인터넷 검열 국가가 있습니다. 중국, 이란, 필리핀 등이 여기에 속합니다. 이 국가들은 인터넷에서 마음대로 말할 수 없도록 국민들을 억압하고 있어요. 검열을 통해 인터넷이라는 중요한 지식의 통로를 규제하는 것이지요. 그래서 인터넷 검열 국가의 국민들은 자유롭게 말할 권리를 위해 싸우고 있습니다.

2009년 쿠바에서는 한 블로거가 시위를 하러 가던 길에 비밀 경찰에게 붙잡혔습니다. 쿠바 공산주의 정부에 반대하는 사람이었거든요. 이 블로거는 차로 끌려가 반정부 활동을 그만하라는 경고를 받았습니다. 그는 체포 과정에서 몸에 멍이 들었지만, 변함없이 블로그에 글을 쓰고 있습니다.

지도에 표시된 국가들은 다양한 형태로 인터넷을 검열을 하고 있다. 이 나라들 가운데는 위키피디아, 유튜브, 플리커, 블로거, 페이스북, 트위터, 인권 사이트, 성인 사이트 등을 금하는 곳도 있다.

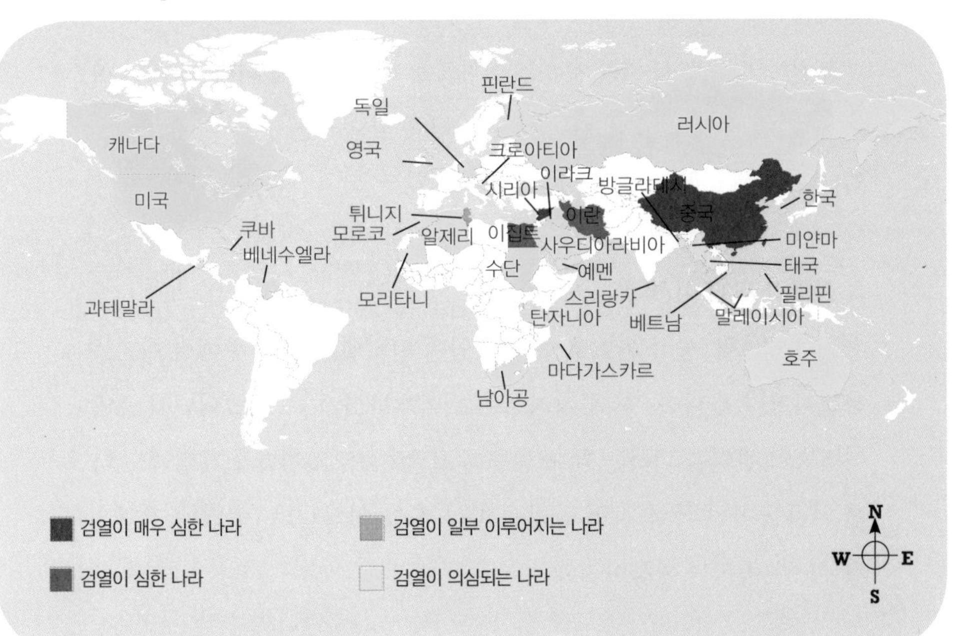

2007년에는 이집트의 블로거가 **이슬람** 세계와 이집트 정부를 비판하는 글을 썼다는 이유로 체포되었습니다. 법원은 5분간 공판한 뒤 징역 4년을 선고했어요.

인터넷과 표현의 자유

검열이 이루어지는 나라들을 살펴보면 표현의 자유가 얼마나 소중한지 알 수 있습니다. 어떤 나라에서는 마음대로 말할 수 있지만, 어떤 나라에서는 말 한마디 잘못했다가 큰 고통을 당하기도 하지요. 사실 국민들이 당당히 의견을 밝히면 그 나라가 처한 문제를 해결하는 데 도움이 됩니다. 표현의 자유가 나라를 부강하게 만드는 데 보탬이 되는 것이지요.

또한 인터넷은 표현의 자유를 실천하는 데 도움을 줍니다. 하지만 아무리 인터넷이 발달했다 하더라도 당당히 발언하는 것은 여러분의 몫입니다.

검열과 싸워 이기다

2009년 5월, 중국 최초로 한 중국인이 인터넷 검열 소송에서 이기는 사건이 있었습니다. 현재 여러 소프트웨어들이 속속 개발되면서 중국 시민들이 검열을 피하는 데 도움을 주고 있어요. 하지만 안타깝게도 다른 나라들이 중국식 검열 방법을 따라 하고 있답니다. 인터넷 검열은 지금도 계속되는 싸움이지요.

사례탐구 표현의 자유를 막는 만리장성

수백 년 전, 중국은 침략을 막기 위해 만리장성을 쌓았다. 오늘날 중국 정부는 '만리 방화벽(Great Firewall of China)'을 쌓고 있다.('방화벽'은 사용자들이 정보에 접근하지 못하도록 막는 컴퓨터 프로그램을 뜻한다.) 국민이 다른 나라 사람들과 자유로이 정보를 주고받지 못하게 하기 위해서이다. 폭넓은 검열 제도가 3억 5천만이 넘는 중국 인터넷 사용자의 눈과 입을 막고 있다. 중국에서 차단된 웹 사이트만 50만 개가 넘는다. 중국에서 인터넷을 어떻게 검열하는지 살펴보자.

- 중국 정부는 4만 명이 넘는 시민들을 고용해서 이메일, 블로그, 웹 사이트를 조사한다. 문제가 있다고 생각되는 정보는 곧바로 지워 버린다. 그러고는 친정부 선전물을 인터넷 이곳저곳에 올려놓는다. **선전물**이란, 정부를 긍정적으로 생각하게 만드는 홍보물을 말한다.
- 중국 법은 시민들이 웹 사이트에 의견을 쓸 때 실명, 즉 진짜 이름을 쓰도록 요구한다. 정부에 대해 부정적인 이야기를 하는 사람을 추적하기 위해서이다.
- 중국 정부는 이메일 사업자로부터 개인 정보를 받아, 법을 어기는 시민들을 감시하고 있다.
- 중국의 검색 엔진 회사들은 인터넷 검색 결과에서 중국 정부가 위협을 느낄 만한 내용들을 모두 지워야 한다. 인권 문제라든지 종교 활동 같은 것이 여기 포함된다.

알아두기

인터넷 게시판에 글을 올릴 때 실명과 주민 등록 번호 등을 확인하는 과정을 거쳐 글을 올리게 하는 제도를 인터넷 실명제라고 한다. 인터넷 게시판의 익명성을 이용해서 다른 사람의 인권을 침해하거나 거짓을 퍼뜨리는 일이 증가하자 인터넷 실명제에 대한 논의가 일었다. 하지만 인터넷 실명제가 표현의 자유와 사생활을 침해한다는 주장도 거세다.

BBC 방송과의 인터뷰

과거에 '시청자'로 불렸던 사람들이 이제는 기자 역할을 하고 있다. 평범한 시민들이 인터넷을 써서 사진과 기사 자료를 언론 매체에 보내는 것이다. 이런 사람들을 '시민 기자(citizen journalist)'라고 한다. 영국 BBC 뉴스는 시민 기자를 위한 온라인 '집결지'를 따로 만들었다. 시청자(사용자)들은 이곳을 통해 자유롭게 사진, 비디오, 이메일을 보낼 수 있다. 다음은 BBC의 '사용자 생산 콘텐츠(User-Generated Content)' 사이트를 담당하고 있는 패트리샤 화이트혼의 인터뷰이다. 이 인터뷰를 통해 시민들이 프로그램 생산에 어떻게 참여하고 있는지 들어보자.

질문 사용자 생산 콘텐츠 사이트를 언제 만들었고, 어떤 이유로 만든 것인가요?

대답 시청자가 보내 주는 이메일, 사진, 비디오가 얼마나 중요한지를 깨닫게 된 계기가 있어요. 바로 2004년 아시아를 덮친 쓰나미였지요. 그러다가 몇 달 뒤인 2005년 7월 7일에 런던 폭탄 테러 사건이 발생했어요. 이때 일반인들이 보내 주는 자료의 소중함을 한층 더 느끼게 됐습니다. 파괴된 지하철에 갇힌 승객들이 저희에게 문자 메시지를 보내 그곳 상황을 알려 주기도 했습니다. 긴급 대책반이나 정부 당국이 상황 보고를 하기도 전에 말이지요. 또 런던 테러 보도에서 가장 널리 알려진 사진 두 장 역시 시민이 찍은 것이었어요. 사용자 생산 콘텐츠 사이트는 이 시기에 만들어졌습니다. 시민들이 보내는 이메일을 확인하고, 추가 질문을 하고, 보내 온 사진 중 쓸 만하고 보도할 만한 것을 골라내기 위해 만든 사이트지요.

질문 BBC는 시민들이 보내 준 자료들로 무엇을 하나요?

대답 흥미로운 이메일, 사진, 비디오를 받게 되면 사실 여부를 먼저 확인합니다. '사실 확인' 이라 부르는 절차지요. 앞으로는 시민들에게 카메라와 녹음 장치를 주고 자신이 원하는 이야기를 하도록 도우려고 합니다.

질문 시민들 반응이 어떤가요?

대답 하루 평균 1만 통의 이메일을 받고, 일주일 평균 200~300장의 사진을 받습니다. 비디오는 이보다 훨씬 적어요. 하지만 중요한 사건이 터지면 도착하는 자료 양이 엄청나게 늘어납니다. 예를 들어 7월 7일 런던 폭탄 테러가 있었을 때, 문자 메시지는 2만 2천 통, 사진은 1만 장이나 올라왔어요.

간추려 보기

- SNS는 아랍권의 민주화 운동에 큰 도움을 주었다. 사람들은 트위터로 대규모 시위를 조직하였고, 카메라로 시위 현장을 찍어 소식을 전 세계로 알렸다.
- 중국, 이란, 필리핀, 이집트와 같은 나라에서는 사람들이 인터넷에 올리는 내용들을 감시하고 규제한다. 이 같은 행위를 검열이라고 한다.

용어 설명

검열 정부 등의 단체가 어떤 정보를 탐탁지 않게 여겨 억누르는 일

공산주의 한 나라의 경제를 정부가 통제하는 정치 체제

단문 블로그(마이크로 블로그) 개인이나 집단의 일상 활동에 대해 짧은 글을 올릴 수 있도록 만든 미니 블로그

디지털 데이터가 0과 1의 이진수로 쪼개져 저장되는 것. 컴퓨터, MP3 플레이어, CD, DVD는 정보를 디지털 방식으로 저장함.

매체(미디어) 텔레비전, 신문, 라디오, 인터넷 웹사이트와 블로그 등 여러 사람들이 동시에 접할 수 있는 커뮤니케이션 수단

블로그 인개인이 자유롭게 일기, 칼럼, 사진 등을 올리는 웹 사이트

사이버 컴퓨터와 관련된 것

사회 운동가 사회 문제를 사람들에게 알리거나 해결하기 위해 애쓰는 사람

상태 업데이트(status update) SNS 사이트에서 볼 수 있는 단문 블로그 기능으로, 사용자들이 개인 소식이나 정보를 올릴 수 있게 한 것

상호 작용 쌍방향 커뮤니케이션 시스템으로, 사용자가 시스템을 마음대로 조작할 수 있는 것

선전물 다른 사람들의 의견이나 행동을 변화시킬 목적으로 만든 메시지

시위 어떤 생각을 널리 알리기 위한 모임

온라인 컴퓨터나 컴퓨터 네트워크와 연결된 상태

위키 다른 사람들과 협력하면서 쓰고 고칠 수 있는 웹 사이트

웹 2.0 현대 인터넷을 칭하는 말로, 사용자와 상호 작용할 수 있는 웹 사이트나 자료

가 많은 게 특징임.

이슬람 알라신과 선지자 무함마드를 따르는 종교

태그 작성한 글에 관련된 키워드를 적어 정보를 쉽게 찾아볼 수 있게 한 것

트윗 트위터에 글을 올리는 것. 140자 이내로 써야 함.

포털 사이트 한 페이지에 여러 가지 다양한 기능을 갖춘 웹 사이트. 인터넷을 쓸 때 가장 먼저 들어가는 경우가 많음.

표절 다른 사람이 쓰거나 만든 것을 자기가 한 것처럼 베끼는 것

연표

270년(기원전)	시리아에서 세계 최초의 백과사전이 만들어졌다.
1768년(서기)	브리태니카 백과사전이 처음 발간되었다.
1876년	알렉산더 그레이엄 벨이 전화기 발명 특허를 냈다.
1944년	세계 최초의 디지털 컴퓨터가 등장했다.
1947년	셀 기술이 처음 개발되었다. 이 기술은 휴대 전화에 신호를 잘 보낼 수 있게 지역을 작게 나누고 지역마다 기지국을 설치하는 기술을 뜻한다.
1951년	연구용으로만 쓰이던 컴퓨터가 일반인에게 판매되기 시작했다.
1960년대	컴퓨터 마우스가 개발되었다.
1960년대 후반	인터넷이 처음 개발되었다. 하지만 일반에게 공개되지는 않았다.
1973년	손에 쥘 수 있는 소형 휴대 전화가 개발되었다.

1976년	최초의 가정용 보급용 컴퓨터 중 하나인 애플 I이 탄생했다.
1979년	완전 자동화된 이동 통신망이 상업용으로 처음 도입되었다.
1981년	IBM이 값싼 개인용 컴퓨터(PC)를 내놓았다. 노트북 컴퓨터가 처음으로 일반인에게 판매되기 시작했다.
1980년대 초	최초의 휴대폰 통신망이 영국에서 처음 사용되었다.
1989년	월드 와이드 웹(World Wide Web)이 발명되었다.
1990년	인터넷 언어(HTML)가 만들어졌다.
1992년	세계 최초의 문자 메시지가 발송되었다.
1994년	월드 와이드 웹이 모든 사람들에게 개방되었다.
1997년	인터넷에 '로봇 위스덤 웨블로그(Robot Wisdom Weblog)'가 공개되면서 '블로그'라는 말이 만들어졌다.
1999년	파이라 랩(Pyra Labs)이 '블로거(Blogger)' 소프트웨어를 소개했다.

2001년	인터넷 백과사전 위키피디아가 창립되었다.
2004년	페이스북이 만들어졌다.
2005년	유튜브와 SNS의 일종인 '베보(Bebo)' 가 서비스를 시작했다.
2006년	단문 블로그 사이트인 트위터가 서비스를 시작했다.
2008년	비디오 사이트 훌루(Hulu)가 서비스를 시작했다.

더 알아보기

그린아이넷 www.greeninet.or.kr

그린아이넷은 교육 과학 기술부와 방송 통신 심의 위원회에서 만든 사이트이다. 청소년들에게 유해한 정보를 필터링해 주고, 부모가 자녀의 인터넷 생활을 모니터링할 수 있게 해 준다. 이 사이트에 들어가면 유해 정보를 걸러 주는 소프트웨어를 무료로 사용할 수 있다.

KISA 인터넷윤리교육정보서비스 http://nethics.kisa.or.kr/intro.jsp

한국 인터넷 진흥원이 제공하는 서비스로, 인터넷 윤리 실천법, 네티켓, 인터넷 사기, 저작권 정보, 인터넷 중독 자가 진단법 등의 정보를 제공한다.

인터넷중독대응상담센터 www.iapc.or.kr/

인터넷중독이 무엇인지 알려주며, 스스로 인터넷 중독 여부를 진단해 보고, 예방할 수 있도록 도와주는 곳이다. 인터넷 중독 상담도 요청할 수 있다.

네티켓 교실 http://neticlass.80port.net

현직 중학교 교사가 만든 사이트로 네티켓, 사이버 중독, 인터넷 유해 환경 차단법 등과 관련된 자료를 수록하고 있다.

찾아보기

ㄱ

검열 94–95
공공 서비스 74
구글 43
규제 27, 40, 95, 100
기자 23, 27, 94, 98

ㄴ

나심 페크랏 17
네티켓 106
닉 헤일리 75

ㄷ

단문 블로그 29, 32, 35–37
드레이크 7, 87
디그 64

ㄹ

라스트에프엠 65
리뷰 19

ㅁ

마이스페이스 47
마이클 잭슨 38, 59
메신저 43, 45, 83, 88
문자 메시지 31–35, 44, 99

ㅂ

방화벽 97
백과사전 15, 19, 56–59, 67, 89
베보 46–47
부모님 15, 50, 77
브리태니카 56, 58
블로그 7, 17–19, 23–32, 35–37, 40, 45, 55, 64, 77, 95, 97
비디오 13, 16, 23, 51, 72–76, 78, 80, 85, 94, 98–99
비밀번호 84
빙 13, 43

ㅅ

사생활 9, 38, 51, 98
사용자 생산 콘텐츠 98
사이버 스트레스 85–88, 90
사이버 학대 85
사진 6–7, 13, 26, 45–49, 52, 57, 77–78, 84, 90, 94, 98–99
사회 운동가 93
상태 업데이트 45
선전물 97
셔터플라이 77
수잔 보일 71
스냅피시 77
스팸 44
시민 기자 98

ㅇ

아부 그라이브 교도소 78

아프간 왕 17
안전 39, 47–48, 77, 83, 89
앤디 워홀 50
오바마 8–9, 49
웹 2.0 7, 14–15, 19
위키트러스트 61
위키피디아 19, 56–59, 60–62, 67, 89,
유튜브 8–9, 16, 49, 72–76, 79–80
이메일 16, 32, 43–45, 73, 77, 94, 97–99

ㅈ
제프 골드블럼 38
주류 언론 26, 63
주스트 76
줄임말 31–32
중국 46, 94, 96–97, 100
지진 36–37, 46–47, 79

ㅊ
채드 헐리 72
출처 29, 61–62
친구맺기 47–48, 50

ㅋ
카미니 16–17
카비야 비스와나탄 25
카트리나 94
케빈 러드 38

ㅌ
태그 63–65
트위터 8–9, 29, 35–40, 46, 94, 100
트윗 18, 36, 38

ㅍ
파라 포셋 38
파이라 랩 24, 40
판도라 65
팔로워 9, 36, 39
페이스북 6–9, 32, 43–51, 77
평점 63, 65
포털 7, 43, 45, 52
표절 25, 62
표현의 자유 27, 40, 94, 96–98
플리커 77

ㅎ
훌루 76

A~Z
BBC 76, 78, 98–99
BBC 아이플레이어 76
SNS 8–9, 18, 43–52

내인생의책은 한 권의 책을 만들 때마다
우리 아이들이 나중에 자라 이 책이 '내 인생의 책'이라고 말할 수 있는 책을 만들고자 합니다.

세상에 대하여 우리가 더 잘 알아야 할 교양

⑯ 소셜 네트워크 어떻게 바라볼까? (원제: Social Networks and Blogs)

로리 하일 글 | 강인규 옮김

초판 인쇄일 2012년 12월 5일 | 초판 발행일 2012년 12월 20일
펴낸이 조기룡 | 펴낸곳 내인생의책 | 등록번호 제10-2315호
주소 서울시 마포구 망원동 385-39 3층 (우)121-821
전화 (02)335-0449, 335-0445(편집) | 팩스 (02)335-6932
전자우편 bookinmylife@naver.com | 카페 http://cafe.naver.com/thebookinmylife
편집주간 한소원 | 편집장 이은아 | 책임편집 박소란 | 편집 김지연 황윤진 손유진 강길주 조일현
제작 심재원 | 디자인 이자현

ISBN 978-89-97980-10-9 44300
ISBN 978-89-91813-19-9 44300(세트)

책값은 뒤표지에 있습니다.
잘못된 책은 구입처에서 바꾸어 드립니다.

이 도서의 국립중앙도서관 출판시도서목록(CIP)은 e-CIP 홈페이지(http://www.nl.go.kr/ecip)에서 이용하실 수 있습니다. (CIP제어번호: 2012005540)

책은 나무를 베어 만든 종이로 만듭니다.
그래서 원고는 나무의 생명과 맞바꿀 만한 가치가 있어야 합니다.
그림책이든 문학, 비문학이든 원고 형식은 가리지 않습니다.
여러분의 소중한 원고를 bookinmylife@naver.com으로 보내주시면
정성을 다해 좋은 책으로 만들겠습니다.

디베이트 월드 이슈 시리즈

세상에 대하여 우리가 더 잘 알아야 할 교양

전국사회교사모임 선생님들이 번역한 신개념 아동·청소년 인문교양서!

《디베이트 월드 이슈 시리즈 세더잘》은 우리 아이들에게 편견에 둘러싸인 세계 흐름에서 벗어나 보다 더 적확한 정보와 지식을 제공합니다. 모두가 'A는 B이다.'라고 믿는 사실이, 'A는 B만이 아니라, C나 D일 수도 있다.' 는 것을 알려주면서 아이들이 또 다른 진실을 발견하도록 안내합니다.

★ 전국사회교사모임 추천도서 ★ 문화체육관광부 우수교양도서 ★ 한국간행물윤리위원회 청소년 권장도서 ★ 서울시교육청 추천도서 ★ 보건복지부 우수건강도서 ★ 아침독서 추천도서 ★ 대교눈높이창의독서 선정도서 ★ 학교도서관저널 추천도서

세더잘 15

인권 인간은 어떤 권리를 가질까?

은우근, 조셉 해리스 글 | 전국사회교사모임 옮김

인권은 모든 지역, 모든 사람에게 동등하게 적용되어야 한다.

VS

인권의 잣대를 일률적으로 들이대선 안 된다.

인간사 모든 것이 인권과 관련되어 있다고 해도 과언이 아닙니다. 신문을 펼치면 연일 보도되는 비정규직 문제, 일자리 품귀, 주택 문제, 성 폭력, 학교 폭력, 이주민 문제, 출생률 저하와 보육 문제, 의료비와 사교육비 등이 모두 인권과 관련되어 있습니다. 우리의 삶 곳곳에서 살아 숨 쉬고 있는 인권을 풍부한 실례와 함께 한눈에 살펴봅시다.

세더잘 14

관광산업 지속 가능할까?

루이스 스펠스베리 글 | 정다워 옮김 | 이영관 감수

관광산업은 일자리를 창출하고, 국가 경제에 큰 도움이 된다.

VS

관광산업은 자연을 훼손하고, 현지인의 전통적 삶의 방식을 파괴한다.

관광산업이 커지면서 사람들은 경제가 발전하고 다른 문화에 대한 접근성이 높아지는 이점을 누리게 되었습니다. 한편, 관광산업 노동자들의 근로 환경이 오히려 열악해지거나 자연이 훼손되는 부작용도 생겨났습니다. 이러한 문제들을 극복하기 위한 관광이 바로 지속가능한 관광입니다. 책임관광, 공정여행이라고도 불리는 지속가능한 관광을 다양한 관점에서 성찰해 봅니다.

세더잘 13

동물실험 왜 논란이 될까?

페이션스 코스터 글 | 김기철 옮김 | 한진수 감수

동물실험은 과학과 의학의 진보를 위해 반드시 필요하다.

VS

동물실험은 무의미하게 생명을 죽이므로 폐지해야 한다.

동물실험은 새로이 개발된 의약품이나 화학물질 등을 시판하기 전, 그 안전성을 검증하기 위해서 거치는 과정입니다. 인류는 수많은 동물의 희생으로 건강한 삶을 얻었습니다. 그러나 그 희생이 과연 윤리적으로 합당한지는 생각해 볼 문제입니다. 첨예한 논란을 일으키는 동물실험의 찬반양론을 명쾌하게 정리한 이 책을 읽고 과학 윤리에 대해 생각해 봅시다.

세더잘 12

군사 개입 과연 최선인가?

케이 스티어만 글 | 이찬 옮김 | 김재명 감수

군사 개입은 인권 보호를 위해 필요하다.

VS

군사 개입은 다른 나라의 주권을 침해할 뿐이다.

군사 개입은 세계에서 가장 논란이 되는 문제 중 하나입니다. 군사 개입으로 인해 사람이 죽고 공동체가 파괴되기 때문이지요. 폭력을 막기 위해 또 다른 폭력을 사용해도 될까요? 전쟁에 시달리고 있는 지구촌이 평화를 되찾는 법은 없을까요? 이 책은 국제 사회의 뜨거운 감자, 군사 개입을 다루며 지구촌 폭력과 평화에 대해 폭넓게 성찰하게 합니다.

세더잘 11

사형제도 과연 필요한가?

케이 스티어만 글 | 김혜영 옮김 | 박미숙 감수

사형은 국가가 행하는 합법적인 살인이므로 폐지되어야 한다.

VS

사형은 범죄를 억제하는 가장 효과적인 방법이므로 존치시켜야 한다.

사형제도 존폐를 둘러싼 팽팽한 논쟁은 지금도 이어지고 있습니다. 이 책은 사형제도 존폐론 외에도 사형 집행의 과정을 생생한 사례와 구체적인 논거로 철저히 분석합니다. 과연 사형에서 공정한 집행이 이루어지고 있는지, 오류는 없는지 등을 포함해, 사형제도를 둘러싼 국제적 이슈를 담아냈습니다. 이 책을 읽고 사형제도에 대한 자신만의 생각을 정립해 봅시다.

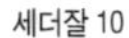

세더잘 10

성형 수술 외모지상주의의 끝은?

케이 스티어만 글 | 김아림 옮김 | 황상민 감수

미용 성형 산업을 객관적인 시선으로 바라보도록 도와주어
현대 사회에 대한 근본적인 물음을 던지게 하는 책

성형 수술의 역사, 의미, 효과, 역사적 배경, 성형 산업의 현실 등을 상세하게 설명해 미용 성형에 대해 스스로 생각하고 합리적으로 판단할 수 있는 힘을 길러줍니다. 마땅히 '수정되어야 할 몸'에 대한 끊임없는 강박과 열등감이 만연한 현대 사회를 어떻게 바라봐야 할지 다시 한 번 깊이 생각하게 해 줄 것입니다.

세더잘 09

자연재해 인간과 자연이 공존하는 길은?

안토니 메이슨 글 | 선세갑 옮김

자연재해에 관한 사회 · 과학 통합서
'자연 대 인간'에서 '자연과 인간'으로!

세계적으로 자연재해가 급증하고 피해 규모도 커지고 있습니다. 이 책은 자연재해의 유형과 원인을 과학 원리로 설명하고, 피해자 구조나 복구 과정, 방재 대책 등에 관해 체계적으로 살펴봅니다. 또한 자연재해의 이면에 숨어 있는 정치 · 경제적인 논의와 함께 인간의 무분별한 행태가 재해를 부추기는 면도 지적하며 인문학적인 성찰을 유도합니다.

세더잘 08

미디어의 힘 견제해야 할까?

데이비드 애보트 글 | 이윤진 옮김 | 안광복 추천

미디어는 규제받아야 한다.
vs
미디어는 자유로워야 한다.

오늘날 제4의 권력이라고 불릴 정도로 강력해진 미디어의 힘에 대해 알아봅니다. 미디어를 지탱하는 언론 자유와 그 힘을 통제하려는 정부의 규제 사이에 벌어지는 논쟁에 대한 다양한 관점을 제시하고, 미래의 미디어가 나아가야 할 방향에 대해서 생각해 보도록 돕습니다.

세더잘 07

에너지 위기 어디까지 왔나?

이완 맥레쉬 글 | 박미용 옮김

지구 온난화, 전쟁과 테러, 허리케인…
이 모든 것은 에너지 위기에서 비롯되었다!

우리는 에너지 없는 세상에서 하루도 살 수 없습니다. 하지만 현재 속도로 에너지를 소비한다면 앞으로 40년 이내에 주에너지원인 석유가 고갈될 것입니다. 이 책은 에너지 위기가 불러올 정치, 사회, 경제, 환경의 변화를 알아보고, 무엇이 화석연료를 대신할 차세대 에너지원이 될지 꼼꼼히 따져봅니다.

세더잘 06

자본주의 왜 변할까?

데이비드 다우닝 글 | 김영배 옮김 | 전국사회교사모임 감수

인류를 위한 가장 바람직한 자본주의의 변화상은 무엇인가?

자본주의의 역사와 발전상에 대해 알아보면서 자본주의라는 경제 체제가 인류를 위해 어떻게 복무했는지, 문제가 발생하면 그때마다 인류에게 봉사하기 위해 어떤 모습으로 변신했는지에 대해 알아봅니다. 이를 통해 논쟁이 끊이지 않는 21세기의 자본주의가 어떻게 변해야 할지에 대해 생각해 보도록 합니다.

세더잘 05

비만 왜 사회문제가 될까?

콜린 힌슨, 김종덕 글 | 전국사회교사모임 옮김

왜 지구 한쪽에서는 굶어 죽는데, 다른 한쪽에서는 비만으로 죽는 걸까?

이 책은 이러한 역설에서 출발합니다. 오늘 '비만' 이 왜 사회 문제가 되었는지 역사적, 문화적 관점에서 살피고 선진국과 개발도상국에서 나타나는 비만 문제의 양상과 그 속에 숨은 식품산업의 어두운 그림자, 나아가 전 세계적 차원의 식량 문제로까지 사고의 범위를 넓혀 줍니다.